Christian Rohlfs

Christian Rohlfs

1849–1938

KUNSTHALLE
der Hypo-Kulturstiftung
München
22. März bis 16. Juni 1996

Von der Heydt-Museum
Wuppertal
30. Juni bis 8. September 1996

Die Ausstellung wird veranstaltet von der
Kunsthalle der Hypo-Kulturstiftung München

Stiftungsvorstand:
Dr. Hans Fey, Dr. Eberhard Martini, Martin Kölsch

Fachbeirat:
Peter A. Ade, Prof. Dr. Götz Adriani,
Dr. Johann Georg Prinz von Hohenzollern, Prof. Dr. Dietrich Wildung

Konzeption und Katalogredaktion:
Prof. Dr. Paul Vogt

Organisation:
Peter A. Ade

Ausstellungssekretariat:
Rita Seitz, Monika von Hagen

Auf dem Umschlag: Rote Amaryllis auf Blau, 1937 (Kat. 144)
Frontispiz: Christian Rohlfs, um 1930

Die Deutsche Bibliothek – CIP-Einheitsaufnahme

Christian Rohlfs : 1849–1938 ; Kunsthalle der Hypo-Kulturstiftung München,
22. 3. bis 16. 6. 1996 ; Wuppertal, Von der Heydt-Museum,
30. 6. bis 8. 9. 1996 / [die Ausstellung wird veranst. von der Kunsthalle
der Hypo-Kulturstiftung München. Katalogred.: Paul Vogt]. – München : Hirmer, 1996
ISBN 3-7774-7020-1
NE: Vogt, Paul [Hrsg.]; Rohlfs, Christian [Ill.]; Hypo-Kulturstiftung / Kunsthalle

© 1996 by VG BILD-KUNST Bonn
© 1996 by Kunsthalle der Hypo-Kulturstiftung
und Hirmer Verlag GmbH, München
Satz: Max Vornehm GmbH, München
Lithographie: Brend'amour, Simhart & Co., München
Druck und Bindung: Passavia Druckerei GmbH, Passau
Umschlagentwurf: Dieter Vollendorf, München
Printed in Germany
ISBN 3-7774-7020-1

Inhalt

9
Vorwort

11
PAUL VOGT

Christian Rohlfs – Leben und Werk

31
Ausgestellte Werke

253
Lebenslauf

264
Biographische Notizen

271
Aus Briefen von Christian Rohlfs

286
Ausstellungsverzeichnis

294
Ausgewählte Literatur

298
Abbildungsnachweis

Wir danken den Museen, Galerien und privaten Sammlern für die großzügige Überlassung von Leihgaben:

Museen und öffentliche Sammlungen

Suermondt Ludwig Museum Aachen

Lindenau-Museum Altenburg

Staatliche Museen zu Berlin, Nationalgalerie
Museum Bochum

Kunstmuseum Bonn

Anhaltische Gemäldegalerie Dessau

Museum am Ostwall Dortmund

Staatliche Kunstsammlungen Dresden, Gemäldegalerie Neue Meister

Wilhelm Lehmbruck Museum Duisburg

Kunstmuseum Düsseldorf im Ehrenhof

Angermuseum Erfurt

Museum Folkwang Essen

Städtisches Museum Gelsenkirchen

Karl Ernst Osthaus-Museum Hagen

Sprengel Museum Hannover

Nordfriesisches Museum Nissenhaus Husum

Kunsthalle zu Kiel

Wilhelm-Hack-Museum Ludwigshafen

Universitätsmuseum für Kunst und Kulturgeschichte Marburg

Städtisches Museum Abteiberg Mönchengladbach

Bayerische Staatsgemäldesammlungen

Westfälisches Landesmuseum für Kunst und Kulturgeschichte Münster

Clemens-Sels-Museum Neuss

Landesmuseum Oldenburg

Kunsthalle Recklinghausen

Kulturhistorisches Museum Rostock

Schleswig-Holsteinisches Landesmuseum Schleswig

Stadt Soest

Kunstsammlungen zu Weimar

Museum Wiesbaden

Märkisches Museum Witten

Von der Heydt-Museum Wuppertal

Galerien und private Sammler

Galerie G. Paffrath, Düsseldorf

Sparkasse Essen

sowie Leihgeber, die nicht genannt werden möchten

Vorwort

Im Jahre 1888 ist zum ersten Mal ein Werk des Norddeutschen Christian Rohlfs, der heute als Nestor der deutschen Moderne gilt, in München ausgestellt worden.

Die Kunsthalle der Hypo-Kulturstiftung hat sich nun das Ziel gesetzt, mit einer umfassenden Ausstellung den langen Weg dieses Malers vom ausgehenden 19. Jahrhundert bis zu seinem Tode 1938 darzustellen und damit sein facettenreiches Werk auch einer jüngeren Generation Münchener Kunstfreunde nahezubringen.

In dieser Ausstellung ist es gelungen, die einzelnen Stationen dieses ungewöhnlichen künstlerischen Entwicklungsganges durch exemplarische Beispiele zu belegen und mit diesem Überblick über sein reiches Lebenswerk zugleich seine Stellung in der deutschen Malerei des 19. und 20. Jahrhunderts zu verdeutlichen. Die Ausstellung konzentriert sich dabei auf die Malerei auf Leinwand und die für ihn besonders typischen Wassertempera-Arbeiten auf Papier, die das fruchtbare Alterswerk zwischen dem 70. und 88. Lebensjahr begleiten.

Über fünfzig Museen, Galerien und private Sammler waren in liebenswürdiger Weise bereit, sich für diese Ausstellung von ihren Schätzen zu trennen. Wir danken insbesondere Prof. Dr. Paul Vogt, dem Neffen und Nachlaßverwalter des Malers, für die wissenschaftliche Bearbeitung und Einrichtung der Ausstellung und seine Katalogbeiträge.

Herstellung und Gestaltung des Kataloges lagen beim Hirmer Verlag, der diese Aufgabe mit der gewohnten Sorgfalt und Umsicht durchführte.

Kunsthalle der
Hypo-Kulturstiftung
München

Von der Heydt-Museum
Wuppertal

Christian Rohlfs – Leben und Werk

Vor mehr als einem Jahrhundert ist zum ersten Male ein Gemälde von Christian Rohlfs in München ausgestellt worden, auf der »Internationalen Kunstausstellung« 1888. Das Werk eines unbekannten Norddeutschen, der als Maler in Weimar lebte, hat zweifellos keine besondere Aufmerksamkeit erregt. Zwar galt die Großherzogliche Kunstschule zu jener Zeit als eine der bedeutenden deutschen Ausbildungsstätten, und Rohlfs' Name war den dortigen Kritikern bereits geläufig. Doch über diesen engeren Umkreis hinaus waren weder er noch seine Studienkollegen mit ihrer Kunst bekannt geworden.

Mehr als ein Vierteljahrhundert, von 1870 bis 1900, hat Christian Rohlfs in Weimar zugebracht. Die Arbeiten jener Zeit dokumentieren seine künstlerische Entwicklung von der traditionellen Akademie- zur »fortschrittlichen« Freilichtmalerei, die als deutsche Parallele zum französischen Impressionismus gilt, mit dem sie allerdings wenig zu tun hat. Gesamt betrachtet, repräsentieren sie ein in sich geschlossenes malerisches Lebenswerk aus dem 19. Jahrhundert. Vergleichbares haben auch andere Akademiekollegen von Rohlfs hinterlassen. Für den heutigen Betrachter liegt das Ungewöhnliche daran in der Tatsache, daß diese Periode lediglich den Auftakt zu einem sehr viel umfangreicheren und vielseitigeren malerischen Œuvre bedeutet hat, dessen Gewicht eindeutig auf der klassischen Moderne liegt.

Vergessen wir allerdings nicht, daß es Künstler seiner Altersschicht waren, die den Weg in das neue Jahrhundert wiesen: Seurat und Cézanne, van Gogh, Gauguin und Munch. Zwar gehörte kein Deutscher zu ihnen, doch haben auch Künstler unseres Landes, wie dieser Maler, sensibel auf jene Veränderungen reagiert, die die Krise der Kunst gegen 1900 ankündigten.

Die konservative Haltung der deutschen Akademien verbarg nur mühsam jene Spannungen, die sich im letzten Viertel des 19. Jahrhunderts zwischen den Traditionalisten und Neuerern bemerkbar machten. Auch Weimar hatte zur Lehrzeit von Rohlfs unter solchen Erschütterungen zu leiden. Eine in künstlerischen Fragen wenig liberale Haltung des großherzoglichen Hofes erschwerte jeden Versuch der fortschrittlichen Kräfte, sich aus den Fesseln der Überlieferung zu befreien. Die Kühnsten unter ihnen versuchten sich an einem neuen, am sichtbaren Sein orientierten Realismus und wagten dabei sogar den einen oder anderen vorsichtigen Schritt in Richtung auf eine nicht mehr von der Tradition, sondern vom Augenerlebnis abhängige Farbgebung: »In Weimar schlief auch allmählich Alles ein. Nur wenige waren da, ein paar Namen, die noch irgend etwas wollten« (Chr. Rohlfs).

Rohlfs selbst hatte bald mit wachem Blick die Schwächen der akademischen Lehre erkannt, der er anfangs bereitwillig gefolgt war. Der Abschied von der Figuren- und Historienmalerei, der Übergang zur Genreklasse, die Auseinandersetzung des eigenwilligen Schülers mit seinem immerhin zu den fortschrittlicheren Kräften zählenden Lehrer Alexandre Struys über den einzuschlagenden Weg erscheinen als ein erster Versuch, die Unzulänglichkeit der überlieferten Anschauungen und des darauf basierenden Unterrichts zu überwinden.

Die Frühwerke dokumentieren die Stationen des Weges: Arbeiten akademischen Charakters wie die *Römischen Bauleute* von 1879 (Kat. 1) oder *Der Schutzflehende* von 1880 (Kat. 2), zu dem der Künstler anmerkt: »griechisches Motiv. Schutzflehender kniet am Hausaltar des fremden Hauses«. Das erstere brachte dem Künstler wegen seines Versuchs einer helleren Farbgebung schon den Vorwurf mangelnden akademischen Bewußtseins ein. Außerdem existieren noch einige recht traditionelle Gemälde von poetisch-literarischem Gehalt, die schwer einzuordnen sind und eher als Irrwege eines Lernenden erscheinen. Sie alle dokumentieren indes eine Lehrzeit, die eher eine intensive Suche nach dem richtigen Weg als den Glauben an überlieferte Werte offenbart.

Seit 1883 wandte sich Rohlfs entschlossen der Landschaftsmalerei und damit dem neuen Realismus zu. »Von da an malte ich draußen in der Umgebung Weimars vor der Natur«, notierte er später im Rückblick. Da er 1884 nach kurzer Lehrzeit bei Max Thedy zum selbständigen Künstler erklärt worden war, dürfte er sich das neue Thema als Ziel für die kom-

menden Jahre gesetzt haben. Ganz aufgegeben hat er indes die Figurenmalerei nicht. Sie hat ihn nach einer längeren Unterbrechung im neuen
Jahrhundert erneut beschäftigt, wenn auch jetzt unter anderen Vorausset-
zungen. Rezensionen nach 1884 erwähnen Rohlfs nur noch als Landschaftsmaler und rühmen seine Naturstudien, »welche seinem Fleiß und
hervorragenden Talent günstigstes Zeugnis ausstellen«. Daß er sich, von
wenigen Reisen abgesehen, fast ausschließlich auf Weimar und die dortige
Umgebung konzentriert hat, ist durch seine körperliche Behinderung nur
unzureichend erklärt. Für einen Realisten wie Rohlfs war das »interessante Motiv«, das andere Künstler bis nach Italien geführt hatte, eher
zweitrangig. Er suchte und fand die Weite der Welt in ihren kleinsten Teilen. Diese Einstellung, im Einzelnen stets das Gesamte zu sehen, im
Mikrokosmos der Pflanze, des Gebüschs, eines Stückchens Erde den Kos-
mos wiederzuentdecken, ist sicher auch ein Erbteil seiner holsteinischen
Abstammung. Das Einfühlen in das Gegenüber der Natur, die damit ihren
reinen Objektcharakter verliert, ohne daß sie im Sinne des Naturlyrismus
als Stimmungsträger in Erscheinung tritt, ist für Rohlfs durchaus bezeichnend und hat im Alterswerk ihre letzte Vollendung erfahren.

Bis zum Abschied aus Weimar 1901 sind fast ausschließlich »reine«
Landschaften entstanden, einige mit zusätzlichen, durchaus alltäglichen
Architekturmotiven: Häuser, Mühlen, ein Gehöft, eine Scheune. Der
Akzent liegt dabei eindeutig auf der Entwicklung der malerischen Hand-
schrift, wobei es Rohlfs offensichtlich darum ging, die Mannigfaltigkeit
stofflicher Erscheinungen in der Natur in Malerei zu übersetzen, d. h. sich
auf die visuellen Eigenschaften des Dinglichen zu konzentrieren. Das
führte fast zwangsläufig zur genauesten Beobachtung des sichtbaren
Seins, wozu nicht nur das Bildobjekt selbst, sondern auch jene Erschei-
nungsformen zählten, die es beeinflussen und verändern konnten: die
Atmosphäre mit Licht und Schatten, ein wechselndes Farbenspiel auf der
Oberfläche einer Mauer, die Stofflichkeit von Holz und Stein, Erde und
Laub. Einiges davon könnte man bereits als eine erste Beziehung zum
Impressionismus deuten, wenn nicht das Entscheidende gefehlt hätte: das
Primat der Farbe, unter das die französischen Maler ihren neuen Natura-
lismus gestellt hatten. Die französischen Bilder »machten grosses Aufsehen wegen ihrer Farbigkeit und Fleckentechnik. Letztere hatte ich auch,
wenn auch nicht so kühn und ausgesprochen, aber die helle Farbigkeit
war mir völlig neu«.

Der Blick für bestimmte charakteristische Eigenschaften des sichtbaren Seins deutet zudem darauf hin, daß viele Bilder nun nicht mehr nach vorbereitenden Skizzen im Atelier, sondern direkt vor der Natur entstanden sind. Darauf weisen auch zahlreiche kleinere Bildformate hin, die das Arbeiten im Freien erleichterten.

Die Kritiker jener Jahre stießen sich meist an seiner »patzigen« Handschrift. Sie meinten den ungewohnt pastosen Farbauftrag, den Rohlfs bei Struys erlernt hatte. Gerade er erwies sich für die von Rohlfs angestrebte Wiedergabe des Stofflichen als besonders geeignet. Ein die Materie betonender Farbauftrag vertrat damals noch deren Helligkeitswert und erlaubte es ihm, die Bildoberfläche zu dynamisieren, der Handschrift Vitalität zu verleihen. Die Übergangsstimmung, die den meisten Bildern der achtziger Jahre zu eigen ist, beruhte sicher auch auf der Unkenntnis der Möglichkeiten »reiner« Farbe. An ihre Stelle trat eine Skala gebrochener Tonwerte, unter denen bräunliche, grünliche, silbrige oder blau-graue Brechungen einen bevorzugten Platz einnehmen. Rohlfs beherrschte sie bald meisterlich, was ihm auch die Kritik jener Jahre bescheinigt.

In einigen Arbeiten liegt die Farbe so zäh auf dem Grunde, als versinnbildliche sie die Schwere der Erde oder das Gewicht schmutziger Schneereste an den Hängen. Einige Fassungen der Brücken von Weimar, ein zeitweilig bevorzugtes Motiv, malte er so dünn lasierend, daß unter den sensiblen Nuancen der Farbschicht die Struktur der Leinwand erkennbar bleibt. In anderen Werken herrscht dagegen ein kraftvolles Temperament vor. Energisch bewegte, ebenso gemalte wie gespachtelte Farbmaterie dominiert über das Gegenständliche: frühe Beispiele einer ungebrochenen Experimentierlust mit seinen Malmitteln, die ihm bis in das Alter erhalten bleiben wird.

Erst nach 1890 begann sich Rohlfs allmählich mit den Lichteigenschaften von Farbe zu beschäftigen. Diese entscheidende Neuorientierung läßt sich in seinem Werk gut verfolgen. Jeder deutsche »Freilichtmaler« hat sich an einem Punkt der Entwicklung diesem Problem gegenübergesehen, ohne daß man daraus eine Nachahmung der französischen Impressionisten herleiten könnte. Es ist jedoch bemerkenswert, wie sich Rohlfs-Interpreten seit je an diesem Punkt unterscheiden. Die einen bescheinigten ihm eine Nachempfindung französischer Vorbilder, die anderen wollten ihn als einen von jedem fremden Einfluß freien Künstler sehen. Beides ist falsch.

Wir wissen aus Rohlfs' eigenen Worten, daß ihn die Farbgebung der Impressionisten »im Coloristischen« stark angeregt hat. Allerdings hat er sie weder kopiert noch ihrer Gesetzmäßigkeit nach angewendet. Sie konnte ihm zum Zeitpunkt der Bekanntschaft lediglich als Bestätigung des eigenen Weges dienen, der nicht »Impressionismus« hieß.

Seine Arbeiten der neunziger Jahre wandelten sich allmählich unter den neuen Aspekten: Farbe als Licht und als bildnerischer Eigenwert. Ihn beschäftigte vor allem die bei seinem Schaffen folgerichtige Überlegung, daß helles Farbpigment, pastos aufgetragen, allein aus der Materie Lichtqualität entwickeln konnte – ein deutscher Parallelweg zum immateriellen Bildlicht der Franzosen. Max Liebermann hatte ähnlich reagiert, war aber ebensowenig wie Slevogt und Corinth der französischen Methodik gefolgt. Die deutsche Freilichtmalerei verfolgte ihren eigenen, vom Realismus bestimmten Weg.

Man vergißt beim Verfolgen solcher Entwicklungslinien zu leicht, daß der Durchbruch von Rohlfs zu einer scheinbar zeitaktuellen Haltung nach 1890 damals keine wirkliche Aktualität mehr bedeutete. Das eigentliche Problem der europäischen Malerei hieß bereits Neoimpressionismus, hieß Cézanne, van Gogh und Munch. Sicher war der Weimarer Paul Baum mit seinen pointillistischen Versuchen, entwicklungsgeschichtlich betrachtet, zeitweilig fortschrittlicher als sein Akademiekollege. Auch Segantini wurde in Weimar ausgestellt. Daß man ihn und nicht Seurat zeigte deutet darauf hin, daß seine Malweise der deutschen Mentalität offenbar mehr entsprach.

Immerhin bestimmten fortan zunehmend Helligkeit und kräftigere Farbwerte die Arbeiten unseres Meisters. Linie und illusionistische Körperlichkeit verloren allmählich an Bedeutung zugunsten atmosphärischer Wirkungen. Dennoch blieben die alten Einschränkungen erhalten: Farbe besaß keinen primären Bild- oder Buntwert, sie blieb Ausdruck von vitaler Kraft, Form blieb Dingbezeichnung und gewann keinen Eigenwert. Daß man Rohlfs mit seinen damaligen Werken als einen Vertreter der »deutschen Moderne« lobte und kritisierte, bezeugt unabhängig vom künstlerischen Rang der Arbeiten lediglich die Rückschrittlichkeit der damaligen deutschen Situation.

Allerdings verschaffte dieser Ruf dem Künstler Kontakte nach Berlin, wo wir fortan seine Arbeiten in den Ausstellungen der 1898 gegründeten Galerie Ribera finden, die »Pan«, der Zeitschrift der jüngeren Richtungen und damit auch der von den deutschen Freilichtmalern beherrschten »Berliner Sezession« nahestand. Wahrscheinlich ist während eines Berlin-Aufenthaltes auch der erste Kontakt zu Henry van de Velde, dem belgischen Architekten und Verfechter des Jugendstils, zustande gekommen, der für Rohlfs' künftiges Leben bedeutungsvoll werden sollte.

In diesem Zusammenhang ist auch die von den Weimarer Künstlern als unabhängiger Gegenpol zur »Permanenten Kunstaustellung« gegründete Vereinigung »Apelles« zu nennen, mit der Rohlfs wiederholt ausgestellt hat. Die »Permanente« war nach ihren ersten kühnen Ausstellungen Anfang der neunziger Jahre von den höfischen Kreisen streng reglementiert worden und fungierte seitdem als eher retardierendes Element. Die Weimarer Kunstakademie drohte dem alternden Großherzog Carl Alexander wohl zu entgleiten, so daß eine strenge Aufsicht die letzte Chance zu bieten schien, regulierend einzugreifen. Noch 1894 wurden auf »allerhöchsten Befehl« die Werke des Rohlfs-Freundes Karl Arp aus einer Ausstellung entfernt, ein Willkürakt, der heftige, wenn auch nutzlose Proteste von Künstlern und Lehrkräften auslöste. Auch Rohlfs drohte der Entzug des Freiateliers, eine Maßnahme, die dank der Hilfe des Direktors Hans Olde nicht durchgeführt wurde. Erst mit dem Tode Carl Alexanders und der Berufung von Henry van de Velde nach Weimar trat eine tiefgreifende Wende in der dortigen Kunstpolitik ein, zu einem Zeitpunkt, als Rohlfs die Stadt bereits verlassen hatte.

Daß neben ersten Aquarellen, von denen nur sehr wenige Beispiele erhalten geblieben sind, seit 1899 das Pastell für den Künstler zeitweilig eine gravierende Rolle spielte, ist angesichts der Entwicklung seiner Malerei nicht verwunderlich. Es gab ihm die Möglichkeit, rasch und ohne hinderlichen Apparat vor dem Motiv zu arbeiten und dabei den Eindruck des Momentanen einzufangen. Dennoch berührt das durchaus »Bildhafte« dieser Arbeiten. Einen bestimmten Augenblickseindruck zu bewahren – ein Vorhaben, das Monet zur Arbeit an mehreren Leinwänden bewogen hat, von denen jede für eine bestimmte Farb- oder Lichtstimmung gedacht war –, hat Rohlfs weniger interessiert als die in sich geschlossene, den Augenblick auf Dauer bewahrende Bildkomposition. Dieser Vorstellung ordnet er später sogar seine Aquarelle und Wassertemperablätter unter, die geradezu gemäldehaften Charakter besitzen. Man sieht daran, wie früh bestimmte Grundzüge seines Schaffens zu erkennen sind und wie konsequent er sie fortentwickelte.

Mit den um 1900 entstandenen Werken galt Rohlfs endgültig als einer der führenden Vertreter der deutschen Freilichtmalerei und neben Paul Baum als »deutscher Impressionist«. Mit 51 Jahren konnte er auf ein in sich geschlossenes Lebenswerk zurückblicken, von dessen weiterer Entwicklung man eher Variation und vorsichtiges Abtasten akzeptierter Grenzen erwartet hätte. Daß wir ihn statt dessen am Beginn des neuen Jahrhunderts vom Geiste jener Revolution in der Kunst ergriffen sehen, die von einer um drei bis vier Jahrzehnte jüngeren Generation ausging, ist für einen Künstler seines Alters mehr als ungewöhnlich.

Die Zeitspanne zwischen 1901 und 1910 hat auf den ersten Blick wenig mit den vorangegangenen Jahrzehnten zu tun. Andererseits zeigen sich auch keine Übereinstimmungen mit den ersten expressiven Tendenzen, mit denen Rohlfs damals in Berührung kam. Es ist ein Jahrzehnt ruhelosen Experimentierens, der Reaktion auf fremde Anregungen, die er in seine eigene Entwicklung einzufügen suchte, ohne daß dies immer sogleich gelang. Das Schlüsselerlebnis für diese Periode heißt »Folkwang«.

Für Rohlfs bedeutete der Ruf nach Hagen an das entstehende Folkwang-Museum des Sammlers und Mäzens Karl Ernst Osthaus den ersten unmittelbaren Kontakt zur europäischen Moderne. Osthaus hatte seine Sammlung zwar mit der berühmten *Lise mit dem Sonnenschirm* (1867) von Renoir begonnen, sich aber dann auf Ratschlag von Henry van de Velde, der das neoklassizistische Hagener Museumsgebäude innen im Jugendstil umbaute, auf die Gegenwartskunst konzentriert. Die Neoimpressionisten Seurat und Signac gehörten ebenso dazu wie Cézanne und van Gogh, Maler wie Gauguin oder die Frühwerke der französischen Fauves, unter ihnen vor allem Matisse, später auch die ersten Arbeiten der jungen »Brücke«-Maler Heckel, Kirchner, Schmidt-Rottluff und Nolde.

Die Auseinandersetzung mit solchen Einflüssen ist in den nach 1902 entstandenen Werken zu verfolgen. Bis 1904 herrschten pointillistische Gemälde vor, Ansichten aus Weimar (Kat. 32) ebenso wie solche aus der ihm bisher unvertrauten Landschaft an der Ruhr und des Volmetales bei Hagen. Die Bilder sind ebenso weit von der Logik und Farbtheorie der französischen Vorbilder entfernt wie ehedem seine »impressionistischen« Werke. Rohlfs tüpfelte zwar wie seine Vorbilder, übernahm allerdings nicht die Methode des Divisionismus, die dem Auge des Betrachters die Mischung aus mehreren eng beieinander liegenden Punkten reiner Farbe zum

Gesamteindruck überläßt. Sie hat ihn wohl nicht interessiert. So wirken seine Gemälde bei aller Farbenfreude eher wie Mosaiken, an denen man zwar das jeweilige Farbpigment erkennt, doch nicht den von den Neoimpressionisten angestrebten Eindruck des atmosphärischen Lichts begreift, da Rohlfs lediglich die elementaren Eigenschaften der Farbe ansprach.

Wichtig jedoch war der Gewinn einer erweiterten Tonskala, der Schritt zum Wagnis reiner Farbe, eine Erfahrung, die zur Grundlage kommender Entwicklung werden sollte. Sie führt über die Auseinandersetzung mit van Gogh, dessen Werk Rohlfs als »genial und wüst« empfand. Aber auch hier blieb die vielzitierte Vorbildbedeutung allein auf Elemente der Maltechnik beschränkt. An van Goghs Gemälden sah er lediglich eine dynamische, den Bildgegenstand aus seiner Abhängigkeit vom realen Sein reißende, farbgewaltige Handschrift von ungewohnter Freiheit. Die psychische Ausdrucksfähigkeit der Farbe, das Bemühen des Holländers, sie zum Träger von Mitteilungen aus den seelischen Tiefenzonen des Menschen werden zu lassen, hat den ganz auf das sichtbare Sein und dessen Umsetzung zum Bild konzentrierten Rohlfs damals nicht interessiert. Van Gogh konnte ihm immerhin einen Weg aus der letztlich quälenden Tüpfelei des Neoimpressionismus zu einer ebenso farbstarken wie kraftvollen Handschrift weisen, ein Entwicklungsschritt, der gegen 1906 in den Soest-Bildern vollzogen ist. Er erweist sich als eine erstaunliche Parallele zu den Frühwerken der deutschen Expressionisten, für die E. L. Kirchner die Bezeichnung »dramatischer Impressionismus« geprägt hat.

Die kleine westfälische Stadt Soest spielte in diesem Jahrzehnt eine Schlüsselrolle. Sie verdrängte als Gemäldethema endgültig das bis dahin vorherrschende Weimar und die Landschaft um das nahegelegene Hetschburg, das ihm nach Aufgabe seines Weimarer Ateliers 1904 kurzzeitig als Sommersitz gedient hatte. Zur Stadt Hagen und deren Umgebung hat Rohlfs nie ein rechtes Verhältnis finden können. Das mittelalterliche Soest dagegen begeisterte ihn. Dort schloß er eine lebenslange Freundschaft mit Emil Nolde und schuf Werke, die in Handschrift und kraftvoller Farbgebung zu den bedeutendsten gehören, die nach 1900 entstanden sind. Ausgangspunkt auch für diese Periode blieb das Augenerlebnis, wobei die Nähe zum Objekt je nach dem Einsatz der Farbe wechselte. Sie war das Mittel, das die Entwicklung vorantrieb, indem sie das Motiv vom Naturvorbild abhob, um es in die Organisationsform »Bild« einzubinden. Noch blieb das Sichtbare Mittelpunkt und Ziel seiner Bemühungen, nicht Malerei als Ausdruck emotionaler Spannungen oder der Vertrauenskrise zwischen dem Ich und der Welt, die für die jungen Expressionisten, die er zu jener Zeit im Folkwang-Museum kennenlernte, später so bedeutungsvoll werden sollte.

Bezeichnend für die auf Soest folgenden Jahre ist eine Vielzahl divergierender »Stile« und die Wiederkehr der figürlichen Themen, die so lange vernachlässigt worden waren. Auch dabei läßt sich kein bestimmtes Schema erkennen. Einige Arbeiten auf Leinwand, zu denen sich fortan mehr und mehr solche mit Aquarell, bei größeren Formaten meist auf Malpappe, gesellen, wirken eher wie Atelierstudien, beschäftigen sich mit Modellposen und zeigen hin und wieder in der Bewegtheit stilisierter Lineaturen Anklänge an den Jugendstil, dessen dekorativen Seiten Rohlfs in Arbeiten nach ostasiatischen Vorbildern (Kat. 87, 88) sowie in zahlreichen Ornamentblättern sogar unter Verwendung von Gold- und Silbertönen huldigte. Andere beschäftigen sich mit Sagen und Märchen. Hier treffen wir auf den fabulierlustigen Rohlfs, den phantasie- und humorvollen Naiven, der seinem Humor und der Freude am Ungewöhnlichen freien Lauf läßt. Unter den zahlreichen mehr kunstgewerblichen als malerischen Arbeiten nehmen neben Keramik auch Bildstickereien einen besonderen Rang ein. Sie besitzen bei seinen Bemühungen um Stilisierung besondere Bedeutung: »...wo es (das Stilisieren d.V.) hingehört, muß man es wie in der Stickerei z.B. machen. Hier ist das Material so spröde, daß man auf Coloristik vollkommen verzichten muß und sich mit ornamentalen Farben und Harmonien begnügen.« Es liegt auf der Hand, daß der in den folgenden Jahren sich neu entwickelnde Umgang mit Farbe diese Art kunsthandwerklicher Betätigung beenden mußte. Sie hatte übrigens schon Matisse während eines Besuchs im Hagener Atelier zu der erstaunten Bemerkung veranlaßt »il a trouvé son material...«

1910 folgte Rohlfs einer Einladung des Arztes und Rohlfs-Sammlers Dr. Commerell nach München. Er hatte ihn durch Vermittlung des Weimarer Freundes Felix Bahlmann kennengelernt, der in München eben sein Medizinexamen ablegte. Bis 1912 ist Rohlfs dort geblieben, an einem Brennpunkt auch der internationalen zeitgenössischen Kunst. Wir sind nicht darüber unterrichtet, ob er die Ausstellungen der »Neuen Künstlervereinigung« oder die erste des »Blauen Reiter« gesehen hat, in denen die gesamte Avantgarde Europas neben den führenden Künstlern des Münchner Milieus vertreten war. Weder seine Briefe noch seine Arbeiten geben darüber Aufschluß, obwohl wir sonst recht gut über die Münchner Jahre unterrichtet sind. Rohlfs hat allerdings den größten Teil dieser beiden Jahre malend im Voralpenland zugebracht. In München selbst hat er sich zwar wiederholt, doch nur kurzfristig aufgehalten.

Die bayerische Landschaft bereitete ihm anfangs offensichtlich künstlerische Schwierigkeiten. Das lag wohl weniger an der Alpenwelt, über die er sich zuerst kritisch – »mit Aussichten, Gegend, Alpen ist nicht viel anzufangen. Es sind auch meist Dilettanten, die sich mit solchen Dingen befassen...« –, später indes begeistert geäußert hat, als daran, daß er erneut an einem entscheidenden Wendepunkt seiner Entwicklung, der endgültigen Abkehr vom Realismus, angelangt war, die sich längst abgezeichnet hatte. Das beste Beispiel dafür ist z.B. der ungewöhnliche Charakter einiger Bergbilder, an denen er erste Versuche zur Abstraktion anstellte. Wir dürfen darin eine Frucht der Auseinandersetzung mit Wilhelm Worringers Buch »Abstraktion und Einfühlung« sehen, das den Künstler tief und nachhaltig beeindruckt hat. »Ich male im Zimmer was man früher verächtlich aus dem Bauch malen nannte und versuche alles Mögliche, um vom Realismus loszukommen. Bei dieser Gelegenheit möchte ich Sie auf ein Buch aufmerksam machen falls Sie es noch nicht kennen. Es heißt W. Worringer ›Abstraktion und Einfühlung‹, Verlag Pieper u. Co München, 3 M. Ich glaube, es wird Ihnen gefallen. Mich hat es revolutioniert...« (1911).

So zeigen einige Werke jener Zeit weitgehend abstrahierte Farbformen, in denen kontrastreiche, leuchtende Töne dominieren; in anderen ist das sichtbare Sein auf glasfensterhafte, stark farbige und dekorative Flächenornamente reduziert. Sie stellen zwar Ausnahmen dar, doch verraten sie seine angestrengten und auf die Dauer gesehen erfolgreichen Bemühungen, die bisherige Wegrichtung zu ändern und Anschluß an die aktuellen Entwicklungen zu finden.

Zahlreiche Aktbilder – er hatte in München erneut nach dem Modell gearbeitet – zeugen von der Weiterexistenz des Figurenbildes in Gemälde und Aquarell, letztere überwiegend in großen, bildhaften Formaten und von kraftvoller, im wesentlichen linear geprägter Farbigkeit. Daß er wohl eher aus praktischen Gründen allmählich auf die Ölmalerei zugunsten der Tempera-Technik verzichtete, ist ebenfalls ein Ergebnis der Münchner Jahre, das seinen künftigen Arbeiten einen deutlich veränderten Charakter verleihen sollte.

Mit der Rückkehr nach Hagen begann 1913 ein neuer Abschnitt seines Werkes. Die Jahre der Stilexperimente waren beendet. Rohlfs hatte den ihm gemäßen Weg gefunden und beschritt ihn fortan konsequent. Die Augenerfahrung wandelte sich unter der Herrschaft zunehmend vergeistigter Farbe zur Imagination; der »Weg nach Innen« wurde zum Ziel seiner künstlerischen Bemühungen. Wenn überhaupt, wird man erst jetzt von ihm als einem Expressionisten sprechen können. Der Wunsch nach Mitteilungen aus diesem »Universum des Innern«, wie es E. L. Kirchner einmal genannt hat, wurde zweifellos durch den Ausbruch des Ersten Weltkriegs sowie die zunehmende menschliche und künstlerische Isolierung in Hagen gestützt. Rohlfs konzentrierte sich nun ganz auf die Welt innerer Vorstellungen, für die er nach Symbolen suchte. »Die Zeitereignisse sind so ungeheuer, dass sie Alles erdrücken«, rechtfertigte er 1914 seine Unfähigkeit, nach Kriegsausbruch zeitweilig weiterzuarbeiten.

Erst 1915 nahm er seine Malerei wieder auf. Die Landschaft ist nun nicht mehr das vorherrschende Thema. Einige Ausflüge in das nahegelegene Sauerland hinterließen ihre Spuren lediglich im Aquarell, das für ihn zunehmend interessanter wurde, aber vorwiegend zusammen mit der Tuschfeder entstand, deren Lineaturen für Kontur und Binnenzeichnung sorgten. Dagegen blieb Soest ein oft wiederholtes Thema. Aus der Erinnerung geschaffen, gehören diese Leinwände sicher zu den schönsten Werken bis gegen 1920 (Kat. 67).

Figürliche Motive herrschen nun wieder vor, jetzt jedoch durch jene »innere Notwendigkeit« gerechtfertigt, von der die jungen Expressionisten gesprochen hatten. Die Themen entnahm Rohlfs Literatur und Philosophie, für die er sich stets interessiert hatte, überwiegend jedoch der Bibel. Sie war ihm von Jugend an vertraut, und ihr Text gewann nun für ihn vor dem Hintergrund der Erschütterungen durch den Krieg eine neue Aktualität. Er malte die Erschaffung Adams und den *Geist Gottes über den Wassern* (Kat. 66), Gott, der Kain zeichnet, den Propheten Elias, die Versuchung Christi und die *Rückkehr des verlorenen Sohnes* (Kat. 65), die Bergpredigt und die Auferstehung. Die Bilder sind weder Illustrationen zur Bibel noch Stellungnahme zu den Zeitereignissen. Sie wirken eher wie die Selbstgespräche eines Einsamen und strahlen Ernst und Würde aus. Farbe dient nun in erster Linie als Träger von Ausdruck und Empfindung. Ihre ehemals glasfensterhafte Leuchtkraft ist auf wenige tragende, vornehmlich stumpfe und dunkle Töne verdichtet worden, evokative Wirkung ist an die Stelle der sinnlichen getreten. Was der Farbe an elementarer Macht verlorengegangen ist, hat sie an Mitteilungskraft gewonnen. Große Gesten bestimmen die stark vereinfachten Formen, auch sie Ausdruck derselben Verinnerlichung, die sich vom zeitweilig heftigen Pathos der jüngeren Expressionisten abhebt. Zwar nehmen die Aquarelle einen immer breiteren Raum in seinem Schaffen ein, aber er behält sie den »leichteren« Themen vor, den Landschaften und Blumen, Motive, die auf Leinwand eher sporadisch behandelt werden und über deren Erfolg beim Publikum er sich eigentlich wundert. »...ich habe viel aquarelliert, ganz gut verkauft, aber meist eben nur Aquarelle...« (1916).

Diese Jahre des »Einspinnens in sein Atelier«, wie sie der Maler bezeichnete, sind für seine künstlerische Entwicklung bedeutsamer gewesen, als er es wohl selbst geahnt hat. An den Arbeiten der für ihn persönlich so schweren Zeit erkennt man den Gewinn einer neuen Identität von Farbe, Form und innerem Gehalt. Er wird für die kommenden Jahre wichtig sein, den Beginn eines ungewöhnlich reichen und fruchtbaren Alterswerkes, das eine Synthese des Vorangegangenen und eine trotz seines Alters nochmalige Steigerung der künstlerischen Kräfte bedeutet.

Auf den ersten Blick mögen die Gemälde des Siebzigjährigen nach 1920 in ihrer wiedergewonnen Freude am Gestalten aus Farbe, ihrem ungewöhnlichen Temperament und einer erneuten Öffnung zum sichtbaren Sein wie ein Neubeginn wirken. Dennoch waren alle Veränderungen, die man an ihnen konstatiert, in der vorherigen Entwicklung angelegt gewesen, ohne den Kern seiner Kunst zu berühren. Lediglich die Akzente verlagerten sich wieder auf die sinnenfreudige und lebensbejahende Seite seines Schaffens. Das bedeutete den Verzicht auf Symbole und Stilisierung zugunsten einer neuen visuellen Harmonie. Die erneute Beschäftigung mit der Natur nach 1920, gefördert durch zahlreiche Reisen, die ihn wieder nach Bayern und in die holsteinische Heimat, später auch an die Ostseeküste bei Misdroy und schließlich 1927 nach Ascona in das Schweizer Tessin führten, gründete auf der veränderten Weltsicht des Malers, der sich durch seine Heirat auch aus seiner persönlichen Vereinsamung erlöst sah. Er war nun wieder bereit, das schöne Geschenk der Natur ohne innere Vorbehalte anzunehmen und erneut jenen Anregungen zu folgen, die ihm seine Augenerlebnisse boten. Zudem hatte die Ausstellung in der Berliner Nationalgalerie zum 70. Geburtstag 1919 seinen Rang als Künstler auch in der Öffentlichkeit endgültig bestätigt, eine positive Änderung der vorher so schwierigen Lebensumstände, die ihm und seiner Arbeit zugute kam.

Auch die Farbe gewann nun einen veränderten Bildwert, da ihre Funktion als Ausdrucksmittel dank der wiedergewonnenen Lebensfreude einen neuen, helleren Klang bedingte. Der allmählichen Aufhellung der Farbwerte, die in zunehmenden Maße über das hinausgeht, was der optische Eindruck vermittelte, entsprach eine temperamentvolle Pinselschrift. Rohlfs nutzte Kontraste wie Harmonien, um ihre Intensität zu steigern, er suchte ihre Klangwirkung aus »großen« Tönen wie Ultramarin, Krapplack, Chromoxydgrün feurig oder Cadmiumgelb und überließ dabei dem Licht eine bildgestaltende Funktion. Es identifizierte sich mit Farbe, entflammte sie zu hellen, kraftvollen Werten und verlieh seinen Werken eine geradezu jugendliche Intensität. Zu den schönsten Beispielen gehören seine Darstellungen des Tanzes, für den er sich stets interessiert hatte. War es früher der bewegte lineare Duktus der Körper gewesen, aus dem heraus Bewegung suggeriert wurde, so nun das funkelnde Farblicht, das Motiv und Bild zu einem überzeugenden Zusammenklang vereint (Kat. 84).

Die vor 1920 vorherrschenden religiösen Themen stehen nun nicht mehr im Vordergrund des Schaffens. Die Schwerpunkte der figürlichen Kompositionen, die weiter einen entscheidenden Teil des Gesamtwerks bilden, verlagerten sich zusehends auf Genreszenen oft humoristischen, ja manchmal skurrilen Charakters, die nicht selten auf der Beobachtung seiner Umgebung beruhen. Auch bei den biblischen Themen stand meist noch eigenes Erleben im Hintergrund, für das er bildnerische Entsprechungen suchte, so wenn z. B. die drohende Beschlagnahme von Wohnung und Atelier durch die französische Besetzung des Ruhrgebiets (»Unser Erbe ist den Fremden zuteil geworden und unsere Häuser den Ausländern«, Kat. 79) im übertragenen Sinne zur persönlichen Stellungnahme wird.

Der Wunsch nach einer von materieller Schwere unabhängigen Farbgebung hatte Rohlfs anfangs auf die Temperatechnik und schließlich gegen 1920 immer nachdrücklicher auf das Aquarell verwiesen. Wie wir wissen, hatten Arbeiten auf Papier seinen künstlerischen Weg seit Jahrzehnten begleitet. Die Bildformate gewannen jedoch bald eine Größe, die das Aquarellübliche sprengte. Für solche Arbeiten reichten auch die käuflichen Aquarellfarbtuben nicht aus. Anfangs hatte er sie sich in größere

Folgende Seiten:
Zwei der von Rohlfs
selbstverfaßten
Märchen

Der alte König ging spazieren, und da es sehr heiss war nahm er seine schwere goldene Krone ab und trug sie auf dem Arm.

Zwei Esel die das sahen lachten und riefen: Die Krone ist dem alten Mann zu schwer er muss einen Strohhut tragen.

Ein Löwe sprang herzu: Ihr Esel Ich habe meine Krone auch abgenommen wagt Ihr zu spotten.

Die Esel machten sich eilig davon.

Ein Huhn sah im Grase
einen glänzenden Käfer,
und bewunderte ihn
    Plötzlich flog der Käfer
in die Luft
Das Huhn setzte sich vor
Schreck auf die Erde und
sagte traurig: Ich hätte
ihn erst fressen und
dann bewundern sollen

umfüllen lassen, ehe er sich dazu entschloß, die sonst für die Arbeit auf Leinwand gebräuchlichen Farbpigmente zu verwenden und sie statt der herkömmlichen Bindemittel mit Wasser zu vermalen. Die sogenannte Wassertemperatechnik wurde so seit Anfang der zwanziger Jahre zunehmend zum dominierenden Malverfahren. Indes verdrängte sie die Malerei auf Leinwand nicht völlig. Die letzten Gemälde sind noch nach 1933 entstanden, Architekturen, Menschenbilder, manchmal mehr mit dem Pinsel gezeichnet als gemalt; oder ein so bedeutendes Gemälde wie die *Austreibung aus dem Paradies* (Kat. 86), seine einzige Stellungnahme zu den aktuellen politischen Ereignissen.

Für seine Arbeiten auf Papier wählte der Künstler in erster Linie jene Themen, in denen er das festhielt, was ihn an Augenfreuden berührte. Das waren nicht wenige, und sie nahmen mit fortschreitendem Alter noch zu.

Das eigentliche Alterswerk, wie wir es heute nennen, betrifft die Spanne zwischen dem 70. und 88. Lebensjahr und läßt sich in zwei Abschnitte einteilen: in die Periode zwischen 1919 und etwa 1929 und eine zweite von 1930 bis zu seinem Tode im Jahre 1938.

Es ist schon erstaunlich, wenn ein Künstler dieses Alters noch über ein derartiges Maß an Kraft und Kreativität verfügt, das ihn zu einer nochmaligen Steigerung seines schöpferischen Vermögens befähigt. Vielen Liebhabern und Sammlern gelten die Werke aus diesen letzten zwei Lebensjahrzehnten als die, in denen sich die spezifischen Merkmale und Besonderheiten seiner Kunst nachdrücklich manifestieren. Zweifellos bedeutet das Spätwerk eine Synthese des Vorangegangenen. Es beinhaltet keinen Durchbruch in neue, vorher nie betretene Bereiche, sondern vollendet letztlich jene Ansätze, die wir von früh an in Rohlfs Werken angelegt finden. Der Blick des Künstlers richtete sich nun allerdings nicht mehr primär auf das sichtbare Sein, das bei Rohlfs dennoch niemals seine Bedeutung verlor. Er zielte nachdrücklich auf das, was durch die Wahl eines bestimmten Bildmotivs an persönlicher Weltsicht verwirklicht werden sollte. Paul Klee hat das einmal treffend so formuliert, daß es nicht mehr die Aufgabe der Kunst sei, das Sichtbare wiederzugeben, sondern sichtbar zu machen. Das Spätwerk von Rohlfs vollzieht diese Wandlung von den kraftvollen, farbstarken und augenerfreuenden Landschaften, Stilleben und Blumen der zwanziger Jahre, die uns wie ein Lob des sichtbaren Seins erscheinen wollen, in das der alternde Künstler mit allen Sinnen zurückgekehrt ist, bis zu den Werken, die um 1930 in Ascona die letzten Lebensjahre einleiten, in denen die Außenwelt, nun durch das Filter menschlicher Reife und Erfahrung geläutert, zur visuellen Poesie wird. Die scheinbare Leichtigkeit der späten Werke darf indes nicht darüber hinwegtäuschen, daß ihre heitere Gelöstheit auf einem tiefen Lebensernst beruht.

Während Rohlfs anfangs der gesteigerten Farbintensität wegen seine Pigmente mit dem breitstreichenden Pinsel möglichst »rein« auftrug und damit auch der persönlichen Handschrift eine entscheidende Rolle innerhalb der Bildkomposition eingeräumt hatte, änderte er gegen 1930 noch einmal den Malprozeß. Zwar wurden im ersten Stadium der Bildentstehung die Farben noch ebenso leuchtend aufgetragen wie bisher, doch versuchte der Maler nun durch eine darauf folgende Überarbeitung mit einem härteren Pinsel, ja sogar mit einer Bürste unter dem Strahl einer Handbrause das Gegenständliche zu entmaterialisieren, um jenes schimmernde Schweben auf der Bildfläche zu erzielen, das die besten Arbeiten im Spätwerk auszeichnet. Die Natur ist in ihnen stets gegenwärtig, doch rücken ihre Details nun dem Betrachter nahe, breiten sich bildfüllend über das Blatt und gewinnen infolge der Entmaterialisierung des Farbauftrags gleichnishaften Charakter. Die Farben ordnen sich dabei nach orchestralen Klängen, bei denen der Künstler harmonische Tonlagen und warme Pigmente bevorzugte. Dadurch entstehen Farbklänge von großer Subtilität, indem einem herrschenden Grundton meist rein gestimmte, sich gegenseitig steigernde Begleittöne zugeordnet werden. Die Motive umfassen weiterhin die ganze Welt sichtbarer Erscheinungen, wenn Rohlfs auch jene bevorzugte, die seiner persönlichen Sicht der Welt am ehesten entsprachen. Ein großer Teil dieser späten Blätter ist auf der Terrasse seines Hauses, der Casa Margot, am Ufer des Lago Maggiore entstanden, das er von dem Schweizer Sänger Meili gemietet hatte. Er malte den See und die ihn umgebenden Berge des italienischen Ufers, hingegeben an die steten Veränderungen der Natur zwischen Morgen und Abend, Frühjahr und Herbst, Sonne und Nebel. Wie schon einmal in Weimar, suchte er die Stimmungen des Übergangs, die die höchste Aufmerksamkeit des Auges für feinste Nuancen erfordern und eine sichere Hand zu deren Wiedergabe voraussetzen, so, wenn der Mond den See in silbriges oder braunes Licht taucht, wenn die Wolken über den Ufern lagern oder Blitze die Dunkelheit aufreißen.

Man mag sich angesichts solcher Arbeiten der Worte eines anderen großen Landschafters, C. G. Carus, erinnern: »Es werden einst Landschaften höherer, bedeutungsvollerer Schönheit entstehen, als sie Claude und Ruysdael gemalt haben, und doch werden es reine Naturbilder sein, aber es wird in ihnen die Natur, mit geistigem Auge erschaut, in höherer Wahrheit erscheinen. Und die steigende Vollendung des Technischen wird ihnen einen Glanz verleihen, den frühere Werke nicht haben konnten.«

Ein nicht weniger wichtiges Thema blieben die Blumen, deren Popularität alle anderen Themen übertrifft und ihm den Ruf eines »Blumenmalers« eingebracht hat, obwohl sie lediglich einen, wenn auch sicher nicht zu entbehrenden Teil seines Alterswerkes ausmachen. Er hat sie im eigenen Garten und in denen seiner Freunde gemalt, die Callas und Cannas, die Anturien und Funkien, die Chrysanthemen und Sonnenblumen, die Gladiolen und Lotosblüten, die Magnolien und Amaryllis, die Daturas, Hortensien, Kamelien und viele andere mehr, in der Blüte des Sommers und im herbstlichen Vergehen als Symbole unvergänglichen Lebens.

Für die Arbeitsweise und Bildauffassung jener späten Jahre ist es überaus bemerkenswert, daß man die vor der Natur entstandenen Arbeiten nicht von jenen zu scheiden vermag, die in den Wintermonaten im Hagener Atelier aus der Erinnerung entstanden sind. Jahr für Jahr, selbst in den beginnenden schweren Zeiten nationalsozialistischer Kulturpolitik, ist er dorthin zurückgekehrt, und die Zahl der hier entstandenen Werke steht der der Schweizer Monate kaum nach. Das spricht eindeutig für ein ebenso sinnlich wie sinnbildlich empfundenes Sein, für eine Weltsicht, die nicht nach dem Augenblickseindruck sucht, sondern dem Auge die Rolle eines Filters zuweist, der nur jene Eindrücke dem Gedächtnis überläßt, die als überzeitliche, bleibende Werte akzeptiert werden. Dennoch bleibt das Erfühlte stets an das Seiende gebunden und dadurch vor Formlosigkeit bewahrt.

»Die Natur muß in uns neu entstehen, wir erfahren sie neu von Kindheit an. Das Kunstwerk ist unsere Erfahrung, unser Staunen vom Maß der Dinge.« Und eben dieses Staunen, von dem August Macke spricht, hat Christian Rohlfs niemals verloren. Es prägte sein Bilduniversum, dessen Umfang über die Begrenzung der eigentlichen Zahl der Themen leicht hinwegtäuschen kann; es öffnete ihm eine Welt verklärter Wirklichkeit und Harmonie. Das mochte für eine Zeit befremdlich erscheinen, in der wie nach 1933 politische Willkür die Gesetze auch der Kunst bestimmen wollte. Rohlfs hat sich bis auf eine Ausnahme (Kat. 86) nicht mit der Zeitaktualität auseinandergesetzt, obwohl sie ihn wie andere Freunde hart bedrängte und er unter ihr tief gelitten hat. Seine Antwort auf öffentliche Mißachtung, auf den Verlust eines großen Teils seines Lebenswerkes in den deutschen Museen, läßt sich an den späten Arbeiten ablesen: Sammlung und Ordnung, Kunst als Symbol für die unzerstörbare Vollkommenheit der Welt in einer Periode von Chaos und Zerstörung.

Allerdings hat sich die Malerei von Christian Rohlfs nicht in der Suche nach höchster ästhetischer Vervollkommnung erschöpft. Ihr Ziel war höher gesteckt. Sie offenbart als Summe von Erlebnis und Empfindung etwas vom geheimen Wesen der Natur, vom tieferen Sein aller Dinge. Christian Rohlfs hat bewiesen, daß ein Künstler seiner Generation selbst in unserer Zeit – und immerhin wäre er heute ein Hundertsiebenundfünfzigjähriger – kraft seines persönlichen Stils und seiner künstlerischen Eigenart mit tausendfach gemalten Themen wie Landschaft, Mensch oder Blüte noch immer aktuell und gegenwärtig sein kann, nicht weil wir in einem Zeitalter der geheimen Sehnsüchte nach dem Vergangenen leben, nein, kraft einer Malerei, die traditionsbewußt, doch nicht epigonal, vollendet, doch nicht glatt, kultiviert und doch voller Spannungen weder formaler noch stofflicher Auffälligkeiten bedarf, um über die eigene Lebenszeit hinaus zu wirken.

Folgende Seite: Rohlfs' Atelier in Hagen, 1938, unmittelbar nach seinem Tode

Ausgestellte Werke

Gemälde

1
Römische Bauleute, 1879

Öl/Lwd., 195 x 133 cm, bez.u.r. Chr Rohlfs Wr 79 – Wv. 23
Westfälisches Landesmuseum für Kunst und Kulturgeschichte Münster

Rohlfs hat mit diesem Thema sicher seine im Aktsaal erworbenen Fähigkeiten an der realistischen Darstellung von fast lebensgroßen männlichen Halbakten demonstrieren wollen. Der Versuch ist gelungen. Das Gemälde erregte bei seiner Ausstellung in der Kunstschule Aufsehen und wurde von der Weimarer Akademie anschließend zur Ausstellung an die Preußische Akademie der Künste nach Berlin gesandt, wo es sein früher Mentor Ludwig Pietsch sah und wohlwollend besprach: »Die ›Römischen Arbeiter‹ sind ein paar vortrefflich modellierte, fast nackte Gestalten ohne jeden Anspruch auf symbolische Bedeutung... Das Bild läßt ein sehr tüchtiges, ernsthaftes Studium des Nackten und eine große malerische Energie erkennen...«
Wichtig erscheint uns aus heutiger Sicht, daß die von Pietsch angemerkte fehlende Symbolhaltigkeit in dieser Zeit für einen Schüler der Akademie eine ungewöhnliche, weil von Tradition und Lehre abweichende künstlerische Haltung bedeutete.

Die Bildtitel und Werkverzeichnisnummern (Wv.) sind entnommen aus: Paul Vogt (Hrsg.), Christian Rohlfs, Œuvre-Katalog der Gemälde, Verlag Aurel Bongers Recklinghausen, 1978, bzw. Paul Vogt (Hrsg.), Christian Rohlfs, Aquarelle und Zeichnungen, Verlag Aurel Bongers Recklinghausen, 1958.

2
Der Schutzflehende (Siegesbote), 1880

Öl/Lwd., 135 x 106 cm, bez.l. C. Rohlfs ./ WR. LXXX – Wv. 26
Kunstsammlungen zu Weimar

1880 hatte der Großherzog von Weimar über den Akademiedirektor Theodor Hagen bei Rohlfs ein Gemälde »mit antikem Sujet« bestellt. Rohlfs wählte ein »griechisches Motiv: Schutzflehender kniet am Hausaltar des fremden Hauses«. Das noch ganz im Sinne akademischer Tradition gemalte Bild fand sicher nicht zuletzt deshalb das Wohlwollen des Hofes. Obwohl später entstanden, wirkt es aus heutiger Sicht gegenüber den *Römischen Bauleuten* eher rückschrittlich. Jene dokumentieren in ihrem Realismus die damals Rohlfs zur Verfügung stehenden künstlerischen Möglichkeiten, während sich der Künstler bei dem *Schutzflehenden* als Auftragsarbeit offensichtlich am höfischen Kunstgeschmack orientiert hat.

3
Haustür, um 1882

Öl/Lwd., 51 x 34 cm, bez.u.r. C. Rohlfs – Wv. 31
Karl Ernst Osthaus-Museum Hagen

Noch während seiner Akademiezeit hat sich Rohlfs mit dem Thema »Landschaft« beschäftigt und deshalb an Studienexkursionen mit Maler- kollegen teilgenommen, von denen er stets zahlreiche Skizzen nach der Natur mitbrachte. Die *Haustür* gehört zu einer Reihe kleinerer Arbeiten, in denen der Künstler sich im Rahmen solcher Studien mit scheinbar nebensächlichen Details aus Hinterhöfen und »malerischen« Winkeln beschäftigte. Sie dienten als Übungen für Auge und Hand, wobei er das Erlernte im Sinne eines neuen Realismus anwenden konnte, indem er mit Pinsel und Spachtel verschiedenartige Materialien wie unterschiedliche Holz- und Steinarten getreu wiederzugeben versuchte.

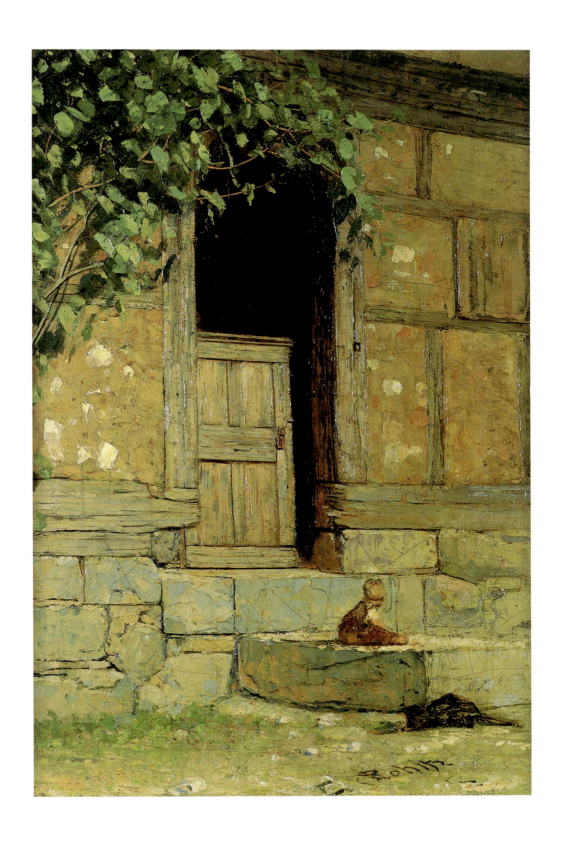

4

Schneidemühle an der Ilm in Ehringsdorf, 1883

Öl/Lwd., 93 x 78 cm, bez.u.r. CR 83 – Wv. 38
Kunstsammlungen zu Weimar

Rohlfs' Landschaftsmalerei unterscheidet sich bereits früh von der seiner Lehrer und Malerkollegen. Er verzichtete auf die gewohnte figürliche Staffage, auf vorbereitende Studien und pseudo-romantische Stimmung. Statt dessen ging er die Natur direkt an und überwand damit die akademieübliche Trennung zwischen Naturstudie und Bild. Er fühlte sich frei vor dem Motiv, ohne Rücksicht auf die herrschende Lehrmeinung und ihre Dogmen, die Tageszeit, Blickrichtung. Bildgründe und Atmosphäre vorschrieben. Rohlfs hat die *Schneidemühle*, die bereits eine sichere Handschrift verrät, noch als Schüler von Max Thedy gemalt. Das Gemälde strebt mehr nach malerischem Gesamteindruck als nach der Wiedergabe von stofflichen Details. Dabei haben vor allem das lebhaft schäumende Wasser und dessen bewegte Oberfläche das besondere Interesse des Künstlers gefunden.

5
Am Stadtrand von Weimar, 1883

Öl/Lwd., 25,2 x 40 cm, bez.u.r. 8 CR 3 – Wv. 39
Anhaltsche Gemäldegalerie Dessau

6
Pappeln bei Goethes Gartenhaus, um 1885

Öl/Lwd., 45,5 x 58,5 cm, bez.u.r. CR – Wv. 57
Angermuseum Erfurt

In den ersten 25 Jahren des Bestehens der Kunstschule hatte sich außer Rohlfs kaum ein Maler in den Weimarer Park gewagt. Er hat hier im Sommer, im sonst auf der Akademie verpönten Gegenlicht bei hochstehender Sonne, die hohen Pappeln gemalt, »wie sie auch heute wieder nahe Goethes Gartenhaus in den Ilmwiesen stehen. Das Bild wird eine Symphonie in Grün, die Vegetation im Gegenlicht je nach Artung und Dichte der Laubmassen differenziert. Mit kurzen schwarzblauen Schatten stehen die Stämme braunschwarz vor hellem, gespachtelten Himmel« (W. Scheidig).

7
Verfallener Steinbruch, um 1887
Öl/Lwd., 45,5 x 60 cm, bez.u.l. C Rohlfs – Wv. 70
Kunstsammlungen zu Weimar

Nicht weit von der Kunstschule entfernt lagen einige teilweise noch benutzte, teils bereits verlassene Steinbrüche, die auch für einen gehbehinderten Künstler leicht zu erreichen waren. Rohlfs hat sie mindestens viermal gemalt, stets von einem niedrigen Standpunkt aus, so daß sich das Gestein bis nahe an den oberen Bildrand erstreckt. Damit schloß er den Himmel als traditionellen Träger der Bildstimmung aus. Sein Interesse galt in erster Linie dem differenzierten Reichtum der Gesteinsformen und ihren gebrochenen Farbtönungen, die Pinsel und Spachtel liebevoll, doch ohne übersteigerten zeichnerischen Duktus wiedergeben. Bei dieser Fassung handelt es sich vermutlich um jenes Gemälde, das 1888 auf der »Internationalen Kunstausstellung« in München zu sehen war.

8
Der Wilde Graben bei Weimar im Spätherbst, 1888
Öl/Lwd., 50,2 x 61 cm, bez.u.r. C. Rohlfs/88 – Wv. 74
Kunstsammlungen zu Weimar

9
Herbstabend an der Ilm, 1888

Öl/Lwd., 33 x 48,5 cm
bez.u.l. CR 88/W – Wv. 77
Kunstsammlungen zu Weimar

10
Der Wilde Graben neben der Chaussee, 1888

Öl/Lwd., 47,5 x 60 cm, bez.u.r. C. Rohlfs/Wr 88 – Wv. 76
Staatliche Kunstsammlungen Dresden, Gemäldegalerie Neue Meister

Die Motive aus dem »Wilden Graben« gehören zu den malerisch schönsten Arbeiten der späten achtziger Jahre, in denen sich Rohlfs in Weimar
einen Ruf als Landschaftsmaler von ausgeprägter Eigenart und bedeuten-
dem Rang erworben hatte. Sie sind, soweit das die Formate zuließen, im
Freien vor der Natur gemalt und damit im akademischen Sinne unübliche,
»reine« Landschaftsansichten ohne Staffage und lyrische Nebengedanken,
ausschließlich auf den optischen Eindruck des Gesehenen fixiert. Werke
wie dieses verraten das Bemühen, einer flüchtigen Naturstimmung im
Bilde Dauer zu verleihen. Sie bestechen durch ein subtiles Farbempfinden
und die Lebhaftigkeit der Handschrift mit Pinsel und Spachtel. Dennoch
fehlt ihnen bei allem Reichtum an Nuancen noch jene Farbintensität, die
die Impressionisten zu jener Zeit längst gewonnen hatten und die Rohlfs
durch die Betonung der Farbmaterie vergeblich zu erreichen suchte.

11
Tauwetter, 1888
Öl/Lwd., 64 x 51 cm, bez.u.r. CR 88 – Wv. 80
Kunstsammlungen zu Weimar

In Rohlfs' Gemälden der achtziger Jahren finden sich wiederholt bestimmte Motive, wie z. B. die von Weimar nach auswärts führenden Straßen, an denen ihn weniger das Motiv selbst als die verschiedenen atmosphärischen Stimmungen gereizt haben, unter denen er es erlebte. Wer außer ihm hätte zu jener Zeit eine Straße gemalt, deren ganzer malerischer Reiz in der Darstellung eines trüben Spätwintertages lag? Pinsel und Spachtel nuancieren gebrochene Tonlagen, imitieren jedoch dabei geradezu plastisch die schmelzenden Schneereste auf der Straße. Deren Tiefensturz wird noch einmal durch die Krähen sowie die zwei nur andeutungsweise erkennbaren Figuren im Hintergrund gesteigert. Das graphische Gerüst der Bäume verstärkt den Eindruck der Trostlosigkeit, der das Bild beherrscht. Man erkennt an solchen Gemälden deutlich die Wegrichtung des Künstlers, der nicht mehr »Inhalte« sucht, sondern allein jenen Eindrücken folgte, die ihm sein Auge vermittelte.

12
Die Sternbrücke in Weimar, 1888
Öl/Lwd., 40,5 x 54,3 cm, bez.u.l. CR/88 – Wv. 84
Kunstmuseum Düsseldorf im Ehrenhof

Nicht weit vom Burgplatz hatte Rohlfs ein Motiv gefunden, das er einige
Male variierte: die beiden Ilmbrücken – Schloßbrücke und Kegelbrücke.
Unser Beispiel zeigt die 1651 errichtete Schloßbrücke, auch Sternbrücke
genannt, mit ihren fast halbkreisförmigen Bögen, dem prismatischen Eis-
brecher und dem ovalen Ochsenauge im Pfeiler, das sich in dem ruhigen,
durch ein Wehr aufgestauten Wasser spiegelt. Gegenüber den anderen
Fassungen ist diese streng vereinfacht. »... kein Brückengeländer, keine
Zeichnung im Wasser, dafür auf der überall durchschimmernden Leinwand ein Reichtum der Malerei, wie ihn die deutsche Kunst des 19. Jahrhunderts zuvor nicht kannte. (W. Scheidig).«

13
Die Ilmbrücke in Oberweimar, 1888

Öl/Lwd./Holz, 39,7 x 51,2 cm
bez.u.r. C.Rohlfs/W. 88 – Wv. 88
Karl Ernst Osthaus-Museum Hagen

14
Straße in Weimar, 1889

Öl/Lwd., 40 x 50 cm
bez.u.r. 8 CR 9 – Wv. 104
Kunsthalle zu Kiel

15
Waldinneres im Herbst, 1889

Öl/Lwd., 49 x 78,5 cm, bez. u.r. C. R. 89/Wr – Wv. 96
Bayerische Staatsgemäldesammlungen München

Die Bilder aus den schaffensreichen Jahren 1888/89 bilden den Abschluß der »vorimpressionistischen« Periode des Künstlers, in denen er aus beherrschenden, doch in sich reich differenzierten, gebrochenen Tonlagen den optischen Eindruck seines Naturerlebens in meisterlicher Handschrift wiederzugeben suchte. Er hatte mit ihnen eine künstlerische Position gewonnen, die sich den Vorstellungen der französischen Impressionisten weitgehend annäherte, doch ohne deren Kenntnis von den weiterreichenden Möglichkeiten der Farbe. Der Gewinn dieser Jahre liegt in der Erhöhung eines unscheinbaren, oft nur aus einer Mauer, einem Dickicht oder einer Wasserfläche bestehenden Motivs zum Kunstwerk – eine Leistung, mit der sich der Künstler schon damals von den Mehrzahl seiner Weimarer Malerkollegen abhob.

16
Kirchhof in Gelmeroda, um 1889

Öl/Lwd., 39,4 x 48,1 cm, bez.u.r. CR – Wv. 118
Angermuseum Erfurt

17
Zwei Kinder im Wald, um 1890 ▷

Öl/Lwd., 77 x 59,8 cm, bez.u.r. C Rohlfs – Wv. 122
Karl Ernst Osthaus-Museum Hagen

18
Rosenstrauch und Grabplatte, um 1890
Öl/Lwd., 39 x 28,5 cm, bez.u.l. C Rohlfs – Wv. 124
Nordfriesisches Museum Nissenhaus Husum

19
Im Weimarer Park, um 1890

Öl/Lwd., 75,2 x 90,4 cm, bez.u.r. C Rohlfs
Privatbesitz München

20
Herbstlandschaft, 1892

Öl/Lwd., 35 x 50 cm
bez.u.r. C Rohlfs W 92 – Wv. 133
Museum Wiesbaden

21
Ilmbrücke in Weimar, 1892

Öl/Lwd., 49 x 60 cm
bez.u.r. C. R. 92 – Wv. 137
Lindenau-Museum Altenburg

22
Weg nach Gelmeroda, 1893

Öl/Lwd., 55,5 x 62,5 cm, bez.u.r. CR. W 93 – Wv. 143
Staatliche Museen zu Berlin, Nationalgalerie

Im Spätsommer des Jahres 1893 hat Rohlfs mit seinen mittlerweile neu erworbenen malerischen Mitteln – die Franzosen hatten ihn »im Coloristischen« stark angeregt, wie er später notiert – das alte Motiv der Chaussee nach Gelmeroda erneut aufgegriffen, diesmal jedoch in ungewohnter Helligkeit.

»Milchiges Licht der hochstehenden Sonne auf der Kalkstraße bringt zusammen mit dem Staub auf Böschungen und Gebüschen den silbrigen Schleier als Realität in das Bild, den auch die Pariser Impressionisten in den Straßen von Paris und über der Seine gesehen haben. Mit Weiß und Hellgrau, mit blauen und gelben Verstärkungen komponiert er in ungewöhnlich flüssiger Malweise die Fläche der Landstraße und darf es sich zutrauen, sie den gesamten Vordergrund einnehmen zu lassen... Frühnachmittag in herbstlicher Trockenheit und Hitze, Rückkehr vom Markt in der Stadt hinauf nach Gelmeroda. Im ganzen ein Bild von farbigem Reichtum und von einer schlichten Schönheit der Malerei, wie es um 1893 kein zweitesmal in der deutschen Landschaftsmalerei zu finden ist« (W. Scheidig).

23
Friedhof im Winter, um 1893

Öl/Lwd., 42,5 x 58,5 cm
bez.u.r. C. R./W – Wv. 146
Karl Ernst Osthaus-Museum Hagen

24
Weiden im Gegenlicht, 1894

Öl/Lwd./Pappe, 34 x 26,5 cm
bez.u.r. CR 94 – Wv. 148
Von der Heydt-Museum Wuppertal

25
Sonnige Häuser, 1894
Öl/Lwd., 41 x 42,5 cm, bez.u.r. Rohlfs/94 – Wv. 150
Kunstmuseum Düsseldorf im Ehrenhof

Die Gasse in Oberweimar ist im starken Licht der hochstehenden Sonne gemalt, das schlichte Motiv scheint durch den Reichtum an hellen Farben wie verzaubert. Rohlfs »traditionelle« Technik der Arbeit mit Pinsel und Spachtel hat sich sichtbar verfeinert. Das Bild ist allein aus Farbe gebaut und verzichtet auf jegliche lineare Struktur. Wie bei den meisten Werken jener Zeit weisen nicht nur der optische Eindruck, sondern auch das kleinere Format darauf hin, daß der Künstler direkt vor der Natur gemalt hat. Das Gemälde vermittelt uns noch heute etwas von jenem Glücksgefühl, das ihn damals angesichts der neuerworbenen Fähigkeit zu heller Farbigkeit erfüllt haben muß. Daß er sie allerdings nicht wie die französischen Impressionisten anwendete, sondern wie bisher dank seiner dynamischen Pinsel- und Spachteltechnik auch der Farbmaterie ihren Rang innerhalb der Bildkomposition beließ, beweist die Eigenständigkeit seiner künstlerischen Entwicklung.

27
Belvedere-Allee in Weimar, 1898

Öl/Lwd., 90 x 138,5 cm
bez.u.r. Chr. Rohlfs 98 – Wv. 174
Von der Heydt-Museum Wuppertal
Dauerleihgabe der Kunstsammlungen zu Weimar

◁ **26**
Waldweben, 1895

Öl/Lwd., 91 x 75,3 cm
bez.u.l. C Rohlfs / 95 – Wv. 153
Westfälisches Landesmuseum für Kunst
und Kulturgeschichte Münster

28
Friedhofsmauer in Weimar, 1899
Öl/Lwd., 40,5 x 50,5 cm, bez.u.r. Chr. Rohlfs 99 – Wv. 201
Kunsthalle zu Kiel

1899 griff Rohlfs noch einmal auf ein altes Motiv zurück, das er mehr als ein Jahrzehnt nicht mehr behandelt hatte: die Mauer. Doch welch ein Unterschied herrscht nun gegenüber den damaligen tonigen Fassungen! Ein überquellender Reichtum an farbiger Vegetation beherrscht die Darstellung. Die Farben scheinen um den hellen Kern der Mauer gleichsam zu tanzen, wobei unter ihnen das kraftvolle, dynamische Rot den tragenden Akzent abgibt, unterstützt durch die Kontrastwirkung der helleren Töne. Von hoher Bedeutung innerhalb der lebhaften Komposition ist dabei die dunkle Grabplatte an der Mauer. Sie bietet dem Auge einen statischen Haltepunkt in der verwirrenden Fülle farbiger Erscheinungen und dient als Fixpunkt für die gesamte Komposition.

29
Buchen, 1900

Öl/Lwd., 59,5 x 48 cm
bez.u.r. C Rohlfs 1900
Wv. 224
Universitätsmuseum
für Kunst und Kultur-
geschichte Marburg

30
**Winterlandschaft,
1900**

Öl/Lwd./Pappe
43,9 x 32 cm
bez.u.l. C Rohlfs 1900
Wv. 229
Karl Ernst Osthaus-
Museum Hagen

31
Holsteinischer Bauernhof, 1900

Öl/Lwd., 110 x 148 cm, bez.u.l. C Rohlfs 1900
Wv. 237
Märkisches Museum Witten

32
Goethes Gartenhaus im Weimarer Park, 1902

Öl/Lwd., 57 x 73 cm, bez.u.r. CR 2 – Wv. 263
Galerie G. Paffrath Düsseldorf

Noch Jahre nach seiner Übersiedlung an das Folkwang-Museum in Hagen ist Rohlfs Weimar verbunden geblieben und im Sommer zur Arbeit im Freien dorthin zurückgekehrt, jedoch mit dem in Hagen erworbenen Mehr an Kenntnissen. Unter den zahlreichen Anregungen, die er in Hagen von den Werken junger internationaler Kunst empfangen hatte, die Osthaus für sein entstehendes Museum erwarb, interessierten ihn 1901/02 vor allem jene von Arbeiten der Neoimpressionisten Seurat und Signac. Sie beeindruckten den stets experimentierfreudigen Künstler so tief, daß er für eine kurze Zeit seine bisherige Malweise aufgab und sich ganz der faszinierenden Technik des Pointillismus widmete.

Indes hat er sich dabei allein mit der gesteigerten Kraft der Farben begnügt und die dem Neoimpressionismus zugrunde liegende Theorie des Divisionismus nicht beachtet. Seine kraftvolle Punktmalerei läßt die dort erstrebte Mischung der Farben im Auge des Betrachters nicht zustande kommen, sondern hinterläßt eher den Eindruck eines starkfarbigen, leuchtenden Mosaiks. Der eigentliche Gewinn der Zeit liegt in der Erfahrung mit der »reinen« Farbe. Sie wird ihm nicht mehr verlorengehen.

◁ **33**
Birken am Gartenzaun, 1902

Öl/Lwd., 68 x 44 cm, bez.u.r. CR 2 – Wv. 264
Kulturhistorisches Museum Rostock
Kloster zum Heiligen Kreuz

34
Das Ruhrtal bei Herdecke, um 1902

Öl/Lwd., 73,5 x 98,7 cm
bez.u.r. C Rohlfs (später entfernt) – Wv. 281
Museum am Ostwall Dortmund

35
Häuser in Weimar, 1903

Öl/Lwd., 59 x 77 cm
bez.u.r. C. Rohlfs 3 – Wv. 292
Kunsthalle zu Kiel

36
Holsteinische Landschaft, um 1903

Temp./Lwd., 74,5 x 109 cm
unbez. – Wv. 309
Privatbesitz

37
Sonnenblumen, 1903

Öl/Lwd., 75,5 x 60 cm, bez.u.r. C Rohlfs/3 – Wv. 302
Museum am Ostwall Dortmund

Seit 1903 sind neben letzten pointillistischen Werken eine Reihe von Gemälden entstanden, in denen der Künstler wieder zu einer Pinselschrift
von kraftvoller Dynamik und entsprechender Farbgebung zurückkehrte
und damit die Entwicklung vor 1900 mit einer deutlichen Hinwendung zur
nicht-impressionistischen Kunstszene fortsetzte. Das Beispiel van Gogh
mag ihm dabei ein Vorbild gewesen sein, wie denn auch diese *Sonnenblumen* als neues Thema seiner Kunst an den Holländer erinnern. Dennoch hat sich Rohlfs lediglich durch den Impetus der van Goghschen
Handschrift anregen lassen und auf die expressiven Möglichkeiten der
malerischen Mittel gänzlich verzichtet. Kunst als Mitteilung aus den
seelischen Bereichen des Menschen, als Ausdruck zerreißender innerer
Spannungen, wie sie der Holländer begriff, hat ihn damals offensichtlich
nicht interessiert.

38
Stilleben mit weißen Lilien, 1903

Öl/Lwd., 62 x 51 cm, bez.u.r. CR 3 – Wv. 303
Galerie G. Paffrath Düsseldorf

39
Landschaft bei Oberweimar, 1904

Öl/Lwd., 60 x 76,6 cm
bez.u.r. CR 4 – Wv. 331
Museum Folkwang Essen

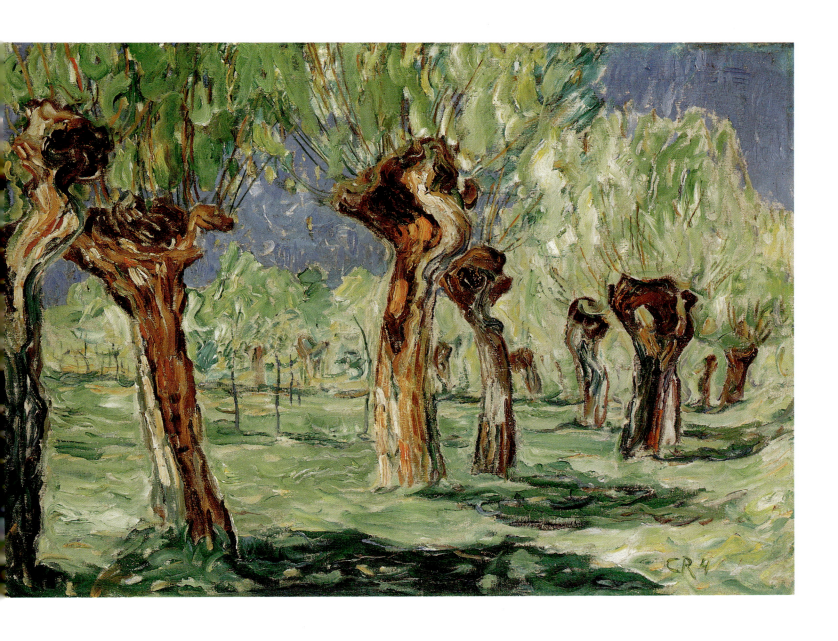

40
Weiden im Frühjahr, 1904

Öl/Lwd., 73,5 x 100 cm
bez.u.r. CR 4 – Wv. 340
Clemens-Sels-Museum Neuss

41
Das Atelier in Weimar, 1904

Öl und Temp./Lwd., 46,5 x 57 cm, bez.u.l. CR 4 – Wv. 347
Museum am Ostwall Dortmund

1904 mußte Rohlfs im Zuge von Umbauten an der dortigen Kunstschule sein altes Weimarer Atelier aufgeben, das er nach seinem Umzug nach Hagen ohnehin nur noch in den Sommermonaten nutzte. Der Abschied ist ihm dennoch schwer gefallen, war es ihm doch für zwei Jahrzehnte ein vertrautes Zuhause gewesen. Mit diesem kurz vor seinem Auszug entstandenen Gemälde, das den Raum mitsamt dem bescheidenen Interieur zeigt, hat er ihm in der neugewonnenen, kühnen Handschrift jener Jahre ein würdiges Denkmal gesetzt.

42
Kieferngruppe, um 1904
Öl/Lwd., 99 x 65 cm, bez.u.r. CR – Wv. 351
Sparkasse Essen

Der Besuch in der holsteinischen Heimat 1903 hat in den Themen des folgenden Jahres fortgewirkt, als der Künstler Eindrücke aus der Erinnerung
im Hagener Atelier verarbeitete. Bäume und Baumgruppen waren in seinen Werken schon zur Weimarer Zeit stets ein bevorzugtes Motiv gewesen. Nun wird man an dieser norddeutschen Kieferngruppe die Auswir-
kungen der neu errungenen künstlerischen Einsichten erkennen können:
die kraftvollen linearen Umrisse, die fast ornamentalen Formen der Baum-
wipfel vor der handschriftlich strukturierten Fläche des Himmels, eine auf-
gehellte Farbigkeit, die sich deutlich von den gebrochenen Tonlagen und
der detailbetonenden Formgebung der Zeit vor 1900 abhebt.

43
Männlicher Rückenakt, 1905

Öl/Lwd., 64,3 x 42,5 cm
bez.u.r. CR 5 – Wv. 368
Nordfriesisches Museum
Nissenhaus Husum

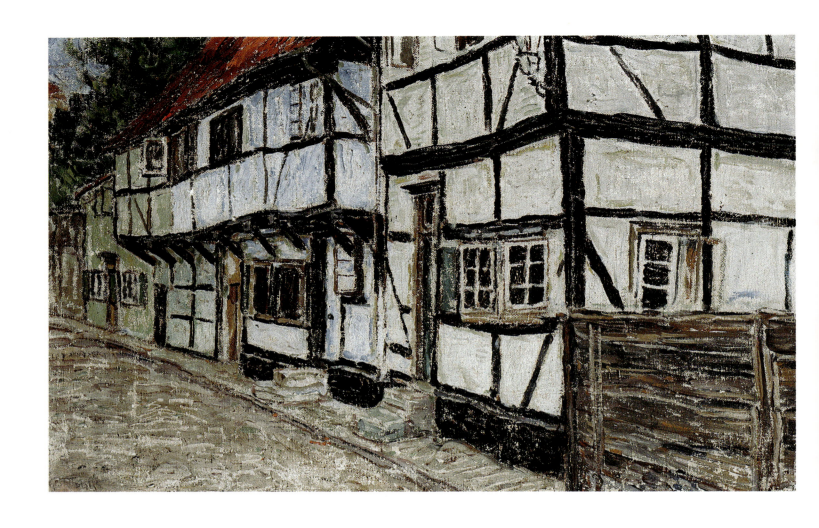

44
Fachwerkhäuser, um 1905

Öl/Lwd., 41 x 63 cm
bez.u.l. C. Rohlfs – Wv. 373
Kunsthalle zu Kiel

45
St. Patrokli in Soest, um 1905 ▷

Öl/Lwd., 100 x 60 cm, bez.u.r. CR (Signatur nachträglich vom Künstler 1928 hinzugefügt)
Wv. 374 – Kunsthalle zu Kiel

46
Freiligrath-Haus in Soest, 1906

Öl/Lwd., 112 x 86,5 cm, bez.u.r. C Rohlfs 6 – Wv. 382
Städtisches Museum Abteiberg Mönchengladbach

Im Sommer 1905 war Rohlfs entgegen seiner sonstigen Gewohnheit nicht
nach Weimar gereist, sondern hatte sich ganz auf das mittelalterliche
Soest konzentriert, dessen Reiz er während eines ersten kurzen Aufent-
haltes 1904 für sich entdeckt hatte. Er hat jedoch in diesem Sommer kaum
gemalt, sondern, die Stadt und ihre malerischen Gassen immer wieder
durchstreifend, viel gezeichnet und vor allem zum ersten Male zahlreiche
Aquarelle angefertigt. Diese Vorarbeiten haben 1906 reiche Früchte getra-
gen, als er, erneut in Soest, zur Malerei auf Leinwand zurückkehrte. Von
jener Zeit an wird das Thema Soest ihn aus der Erinnerung bis in das Spätwerk begleiten.
Einige Gemälde, wie das *Freiligrath-Haus in Soest,* schildern in fast penibler
Genauigkeit die Fassaden der alten Fachwerkhäuser in einer sonst selten
bei ihm vorkommenden, vergleichsweise »graphischen« Manier, die indes
durch die Architektur selbst vorgegeben war. Sie wirken daher wie getreue
Bestandsaufnahmen, doch fehlt es auch ihnen weder an farbiger Gesamtstimmung noch an der ausgeprägten Handschrift, die wir bei diesem
Künstler gewohnt sind und die bei anderen Bildern der Zeit, wie *Haus
Fromme in Soest* (Kat. 49) oder dem 1907 schon aus der Erinnerung entstandenen *Haus Winkelmann* (Kat. 52) noch nachdrücklicher betont wird.

47
Garten in Soest, 1906

Öl/Lwd., 72,5 x 108 cm
bez.u.r. C Rohlfs 6 – Wv. 386
Privatbesitz

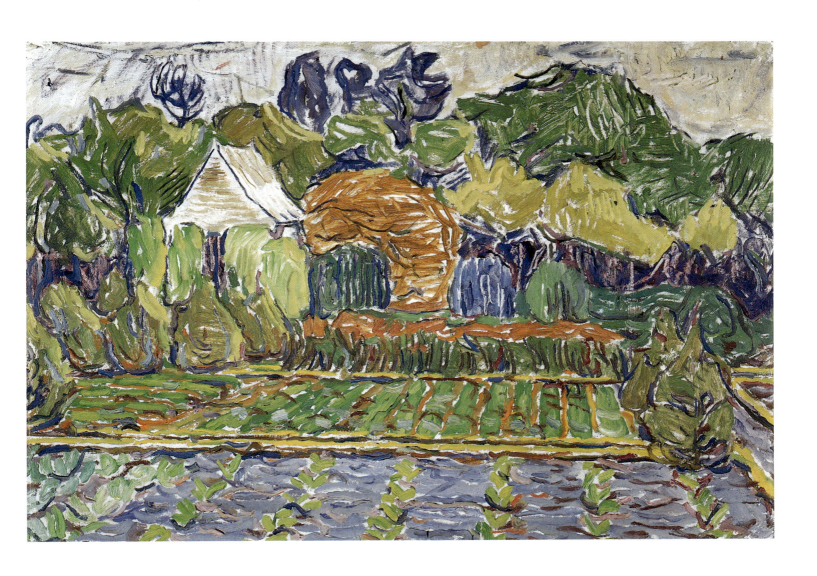

48
Häuser in Soest, 1906
Öl/Lwd., 59,5 x 77 cm
bez.u.r. C Rohlfs 6 – Wv. 383
Kunsthistorisches Museum Rostock
Kloster zum Heiligen Kreuz

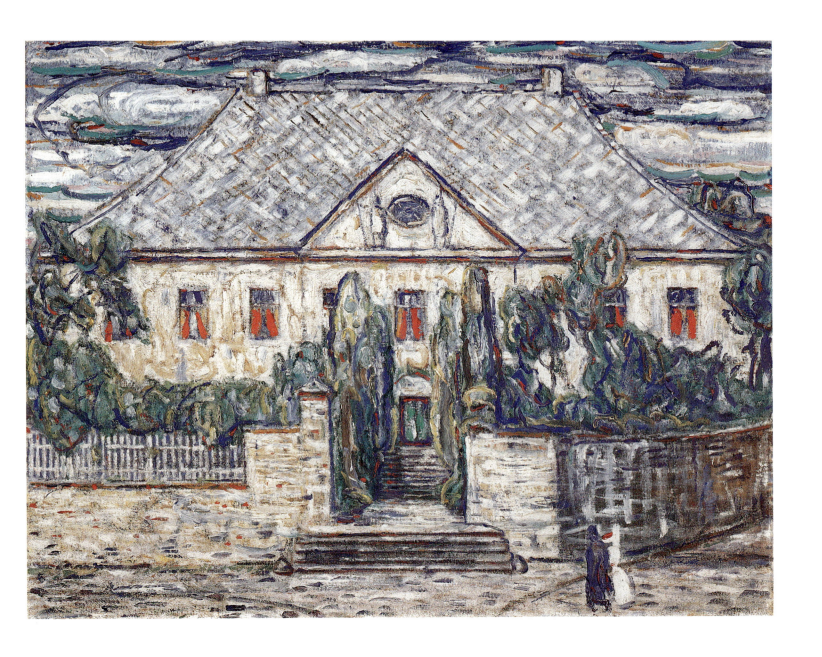

49
Haus Fromme in Soest, um 1906

Öl/Lwd., 80 x 100 cm, unbez. – Wv. 392
Museum Folkwang Essen

50
St. Patrokli in Soest, um 1906

Öl/Lwd., 115 x 75 cm, unbez. – Wv. 395
Museum Folkwang Essen

Der berühmte Westturm der romanischen Propsteikirche St. Patrokli, wohl das bedeutendste Bauwerk Westfalens aus staufischer Zeit, bildet seit je das architektonische Zentrum des mittelalterlichen Soest. Er hat Rohlfs nachhaltig beeindruckt. Davon zeugen zahlreiche Zeichnungen, in denen er sich mit der Architektur auseinandersetzte, ehe er zum Pinsel griff und dies Gemälde vielleicht noch in Soest vollendete. Turm und Vorhalle nehmen den größten Teil der Leinwand ein und beherrschen die Umgebung. Dennoch hat Rohlfs versucht, durch Farbgebung und bewegte Pinselführung die Schwere des Bauwerks aufzulösen, ohne ihm dadurch den Charakter eines wehrhaften Recken zu nehmen, dessen geometrische Strenge sich deutlich von der dahinter liegenden, geradezu zierlich wirkenden St. Petrikirche mit ihrem gotischen Chor und der eleganten Turmhaube aus dem 18. Jahrhundert abhebt.

51
Birkenwald, 1907
Öl/Lwd., 110 x 75 cm, bez.u.r. C Rohlfs 7 – Wv. 415
Museum Folkwang Essen

Der *Birkenwald* von 1907, den K. E. Osthaus kurz nach der Entstehung für sein Museum ankaufte, ist zweifellos eines der prägnantesten Beispiele für die Kunst des »jungen« Rohlfs, der mit den Werken dieser Jahre den Anschluß an die »Moderne« gefunden hatte.
Kein anderer Maler seiner Zeit hat den Herbst als ein derart leuchtendes Fest der Farben gesehen. Intensive Gelb- Blau- und Rottöne, gesteigert durch das Weiß der Birkenstämme, vereinen sich zu einer Symphonie, in deren Klang sich das Glück eines schöpferischen Moments widerspiegelt. Die kraftvolle, materieschwere Handschrift verwandelt die Oberfläche des Gemäldes in ein Feld dynamischer Spannungen, ohne jedoch damit expressive Wirkungen anzustreben. Es lebt allein vom optischen Erlebnis des farbigen Herbstes, von der Sinnenfreude eines Malers, dem nach langer Suche das Glück reiner Farbe zuteil geworden war.

52

Haus Winkelmann in Soest, 1907

Öl/Lwd., 99 x 78 cm
bez.u.r. C Rohlfs 7 – Wv. 427
Kunstbesitz Stadt Soest

53
Buchen im Herbst, 1910
Öl/Lwd., 64 x 50,5 cm, bez.u.r. CR 10 – Wv. 455
Kunstmuseum Düsseldorf im Ehrenhof

Die augenerfreuenden Farben der herbstlichen Wälder haben Rohlfs immer wieder zu neuen Gemälden angeregt. Man sieht an dieser Fassung, vergleicht man sie mit früher entstandenen, den Wandel der Handschrift, der sich in den dazwischen liegenden Jahren vollzogen hat. Die kraftvolle, noch ein wenig an einen dramatischen Impressionismus erinnernde Handschrift und Farbgebung z. B. beim *Birkenwald* (Kat. 51) konzentriert sich zunehmend auf eine zwar noch immer in sich bewegte, doch nach größerer Geschlossenheit strebende Bildform und tragende Tonlagen. Die kleinteiligeren Farbformen gehen in größeren Farbstrukturen auf, deren handschriftliche Dynamik die Oberfläche des Bildes in ein wahrhaft flammendes Abbild eines herbstlichen Waldes verwandelt. Es spiegelt die unveränderte Freude des Auges an den vielfältigen Erscheinungsformen der Natur.

54
Weiblicher Rückenakt, 1911

Öl/Lwd., 80 x 51,5 cm
bez.u.r. CR XI – Wv. 483
Städt. Museum Gelsenkirchen

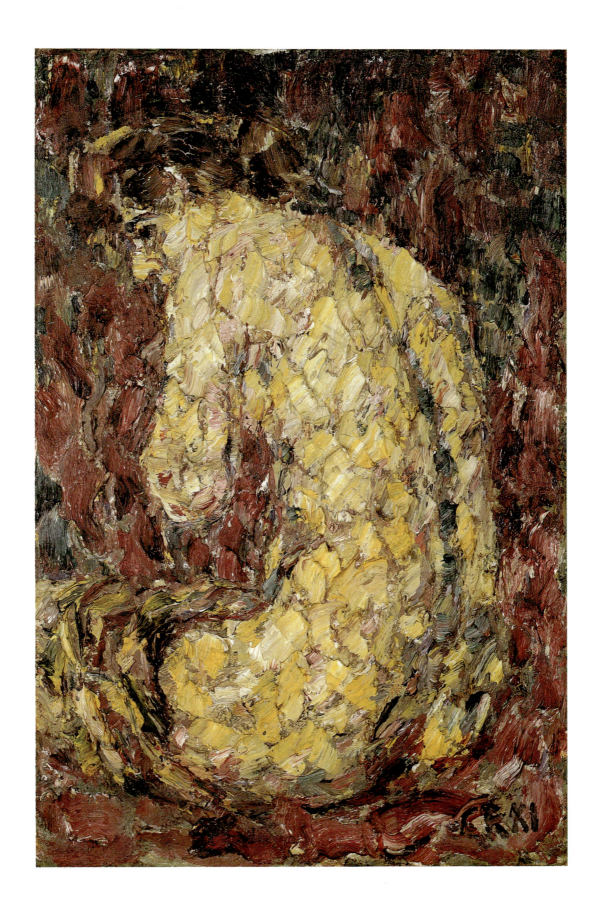

55
Weiblicher Rückenakt, 1911

Öl/Lwd., 61 x 101 cm, bez.u.r. CR 11 – Wv. 491
Kunstmuseum Bonn

Während der beiden Jahre in Bayern hat Rohlfs nach langer Unterbrechung wieder einmal seine Fähigkeiten in der Aktmalerei vor dem Modell erprobt. Allein aus dem Jahr 1911 sind uns elf solcher weiblichen Akte bekannt, ein deutliches Zeichen dafür, daß er die Figurenmalerei keineswegs aufgeben wollte, selbst wenn sie zeitweilig in den Hintergrund getreten war.
Die Gemälde der Münchner Jahre heben sich jedoch deutlich von den früheren Fassungen dieses Themas ab. Zwar nimmt auch jetzt der weibliche Körper den Hauptteil der Darstellung ein, erweist sich jedoch bei genauerem Hinsehen als Teil einer bewegten Gesamtkomposition, bei der, wie in diesem Falle, stark ornamentale Gründe und eine lebhafte Pinselstruktur den Körper in eine malerische Gesamtkomposition einbinden.

56
Erlinger See, um 1911

Öl/Lwd., 60,5 x 92 cm
unbez. – Wv. 498
Museum Bochum

57
Zugspitzmassiv, 1912
Öl/Lwd., 80 x 100 cm, bez.u.r. CR 12 – Wv. 506
Wilhelm-Lehmbruck-Museum Duisburg

58
Gebirge mit Lärchenwald, 1912

Öl/Lwd., 81 x 101 cm, bez.u.r. CR 12 – Wv. 515
Westfälisches Landesmuseum für Kunst und Kulturgeschichte Münster

Wir wissen aus brieflichen Äußerungen, daß dem Norddeutschen die künstlerische Auseinandersetzung mit der ihm unvertrauten Alpenwelt nicht leicht gefallen ist. Man sieht das an seinen zahlreichen Versuchen, ein Bergmassiv in ein adäquates Bildmotiv zu übertragen. Das schwer überwindbar scheinende Hindernis lag wohl darin begründet, daß Rohlfs bei seinen Bildern stets von der Nahsicht oder wenigstens einer geringen Augendistanz ausging, was bei Bergbildern kaum möglich war. Der Maler hat es in diesem Falle auf die gewohnte Weise versucht, indem er das Bergmassiv wahrhaft flächenfüllend und die Bildränder überschneidend in den Vordergrund gerückt hat. Die Malerei konzentrierte sich daher weniger auf das Motiv als auf dessen farbige Strukturen, die er als Problem der künstlerischen Bewältigung einer Bildfläche betrachtete und von denen des Himmels und den schmalen Vordergrundsstreifen abhob.

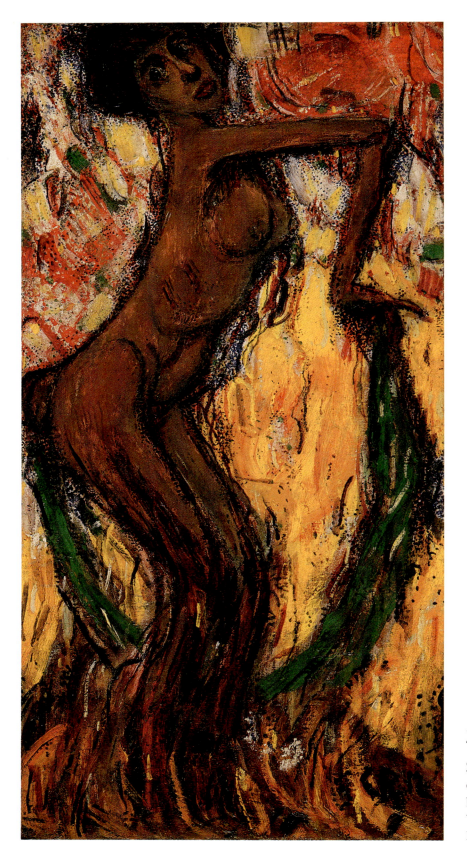

59
Tanzende Faunin mit
grünem Schleier, 1912

Öl/Lwd., 100 x 50 cm
bez.u.r. CR 12 – Wv. 521
Wilhelm-Hack-Museum
Ludwigshafen a. Rh.

60
Amazone, 1912

Temp./Lwd., 81,4 x 100 cm
bez.u.r. CR 12 – Wv. 525
Museum Folkwang Essen

61
Prometheus, um 1912

Temp./Lwd., 60 x 100 cm, unbez. – Wv. 533
Schleswig-Holsteinisches Landesmuseum Stiftung und Sammlung Horn
Schloß Gottorf, Schleswig

Rohlfs hat die Münchner Jahre nicht ausschließlich mit Arbeiten vor der Natur verbracht. Ihm stand bei seinen Aufenthalten in der Stadt während des Winters die Bibliothek des Freundes Bahlmann zur Verfügung, deren Schätze er zu nutzen wußte. Den aufgeschlossenen Künstler hatten stets Philosophie und Literatur europäischer wie außereuropäischer Länder interessiert, Anregungen, die sich zeitweilig auf seine Malerei auswirkten. Infolgedessen weist sein Werk zumal in jenen Jahren, in denen er den Weg in das von den jungen Expressionisten propagierte »Universum des Innern« antrat, für einen Landschaftsmaler ungewohnte Themen auf, da er in der Literatur Parallelen zur eigenen Bewußtseinssituation suchte und fand. Das Streben nach einer neuen Bildwelt – »mit der Landschaft bin ich am Ende«, lesen wir in einem Brief jenes Jahres –, mag ein Thema wie den *Prometheus* erklären, wobei sich die künstlerische Lösung weit von jeglicher Textillustration entfernt. Nicht nur die von sonstiger Übung abweichende Tendenz zur Fläche, die mit fließenden Konturen umrandet wird, und zu einer als Mittel des Ausdrucks angewendeten, ebenfalls zur Fläche tendierenden Farbgebung bestätigt das Neue. Die strenge lineare Vereinfachung enthält noch Erinnerungen an den vor 1910 experimentell erprobten Jugendstil, wenn auch nun mit deutlicher Neigung zur Expressivität: Linie und Farbe werden zu Trägern von Empfindung und Mitteilung – das Problem der kommenden Jahre.

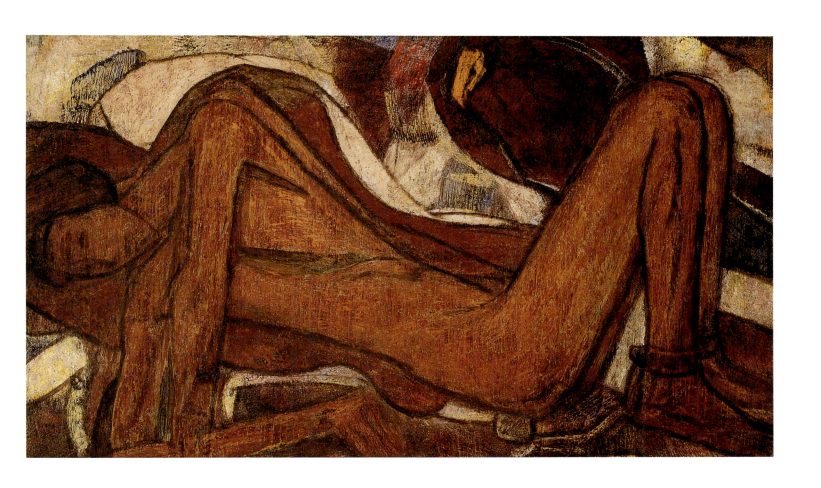

62
Die Froschprinzessin, 1913

Temp./Lwd., 113 x 75 cm
bez.u.r. CR/13 – Wv. 542
Landesmuseum für Kunst und
Kulturgeschichte Oldenburg

65
Rückkehr des verlorenen Sohnes, 1914

Temp. und Öl/Lwd., 100,8 x 80,3 cm, bez.u.r. CR 14 – Wv. 548
Museum Folkwang Essen

Das Gemälde gehört zu den ersten Werken, die Rohlfs nach Ausbruch des Weltkriegs geschaffen hat. Er sah die biblische Erzählung als ein Symbol der Hoffnung und Menschlichkeit, verzichtete deshalb auf alles erzählende Beiwerk und konzentrierte sich ganz auf den Sinngehalt der Begegnung zwischen Vater und Sohn. Ernst und Würde gehen von der gebeugten Gestalt des alten Mannes aus, der mit liebevoller Gebärde den Heimkehrenden empfängt. Der Baum hinter ihm wiederholt dessen kniende Gestalt und verleiht ihr eine Andeutung von Bedrückung und Schwere. Die Farbe unterwirft sich der Bedeutung des Geschehens. Was sie gegenüber früheren Werken an Glanz verloren hat, hat sie nun an expressiver Kraft, an Wärme und Tiefe gewonnen. Ihre dunkle Tonart aus warmem Braun, gedeckten Rottönen und Schattierungen eines gebrochenen Gelb vermeidet alle harten Kontraste und wird zur eigentlichen Trägerin des Sinngehalts. Mit Werken wie diesem hat der Künstler einen neuen, dem Expressionismus nahen Abschnitt seines Weges begonnen.

66
Der Geist Gottes über den Wassern, 1916

Temp. und Öl/Lwd., 100 x 80,5 cm, bez.u.r. CR 16 – Wv. 563
Sprengel Museum Hannover

67
Die Türme von Soest, um 1916

Temp. und Öl/Lwd., 76 x 110,5 cm, bez.u.r. CR – Wv. 567
Museum Folkwang Essen

Bis an sein Lebensende hat die Erinnerung an die alte Stadt Soest den Maler zu immer neuen Schöpfungen veranlaßt. Je mehr er sich in den Jahren des Weltkriegs in seiner Vereinsamung auf die inneren Bilder zurückzog, um so deutlicher traten die alten Motive aus dem Gedächtnis wieder hervor. In diesem Gemälde gibt Rohlfs ein Bild der Stadt wieder, das er 1905/06 ohne Zweifel gesehen, jedoch nur im Aquarell gemalt hat: ein Blick von Süden über die mittelalterliche Stadt von hoher Warte aus, ohne es freilich mit der Topographie allzu genau zu nehmen. Machtvoll klingt aus dem Beieinander der ragenden Türme, die sich über das enge Gewirr der Bürgerhäuser zu ihren Füßen erheben, das Thema »Alte Stadt«. Wir erkennen St. Peter und St. Paul, den wehrhaften Turm von St. Patrokli und am rechten Bildrand die berühmte Wiesenkirche mit ihrem hohen gotischen Schiff. Rohlfs hat die Formen geradezu holzschnitthaft vereinfacht, so daß der Himmel die Türme in weitgezogenem Schwung umfährt und sie dunkel vor dem hellen Hintergrund aufragen läßt – ein Anblick von Erhabenheit und Größe. In den Farben ist das Gemälde ganz auf »große« Töne gestellt, wobei sich ein warmes Rot und ein tiefes Blau bildbeherrschend gegenüberstehen. Verbindende Brauntöne vereinen sie zu vollem Klang. Um der Gefahr der Schwere zu entgehen, hat der Künstler Hintergrund und Lichter aus der bemalten Fläche ausgekratzt – ein Verfahren, das er auch später immer wieder anwendete, wenn er die materielle Kraft der Pigmente aufzuheben versuchte. So spiegelt sich in diesem Bilde, getreuer, als es eine reale Ansicht vermöchte, die Großartigkeit der mittelalterlichen Stadt und ihrer Bauten.

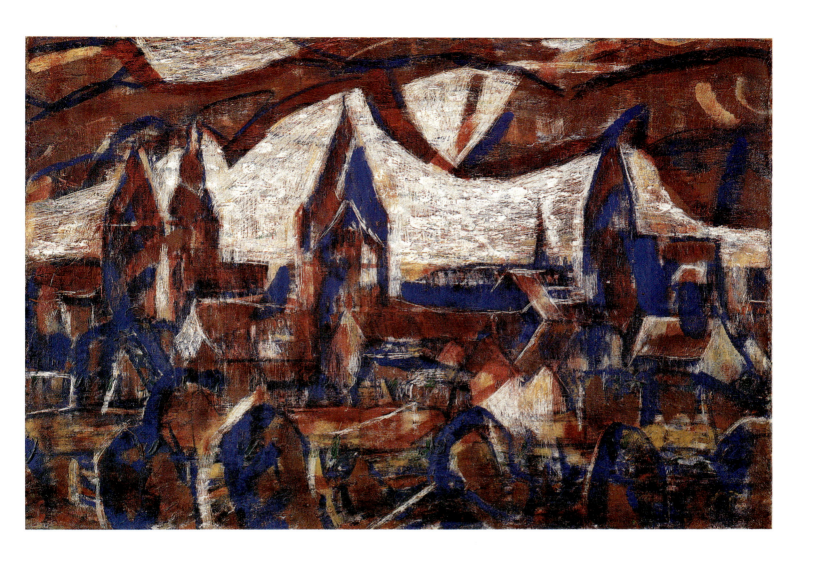

68
Alpenveilchen, um 1916

Temp./Lwd., 75,5 x 111 cm, bez.u.r. CR – Wv. 572
Sparkasse Essen

Rohlfs hatte sich nach dem Ausbruch des Weltkriegs immer stärker von der Außenwelt isoliert. »Ich lebe im allgemeinen wie ein Mönch in seiner Zelle, kümmere mich nicht um die Außenwelt so wie diese sich nicht um mich.« Dennoch sind diese Jahre für seine Kunst außerordentlich fruchtbar gewesen, nicht nur durch die Reihe der großen religiösen Darstellungen, sondern zugleich durch das Wiederaufleben von Themen, die ihn weiterhin mit dem Dasein außerhalb des Ateliers verbanden.

Freunde brachten ihm als Gruß oft Blumen mit, die ihn dazu animierten, sie vorwiegend im Aquarell zu malen. In diesem Falle hat ihn allerdings die Blütenpracht dazu gereizt, ihr auf der Leinwand Dauer zu geben. Sein mit einer Decke überzogener Ateliertisch ist mit zahlreichen Alpenveilchen geradezu überfüllt, ein Erlebnis, das sein sensibles Augen angesprochen und ihn deshalb zu einer anspruchsvollen, »großen« Komposition veranlaßt hat. Um dem Motiv eine dem Thema unangemessene Schwere zu nehmen, die seine Leinwandbilder dieser Zeit sonst bestimmt, entwickelte Rohlfs eine neue Malmethode, die er auch bei den gleichzeitigen *Türmen von Soest* (Kat. 67) mit Erfolg anwendete: Er kratzte mit dem Pinselstiel die frisch aufgetragene Farbmaterie so aus, daß er der Oberfläche des Bildes bewegte Struktur verlieh und den materiellen Charakter der Ölfarbe aufhob, ohne dadurch den Blüten ihren bildbeherrschenden Farbklang zu nehmen. Später wird er diese Methode weiter verfeinern und im Spätwerk sogar auf seine Wassertemperablätter anwenden. Das Gemälde beweist uns zugleich, daß Rohlfs selbst in diesen für ihn dunklen Jahren das Wissen um die helleren Seiten des Daseins nicht verloren hat.

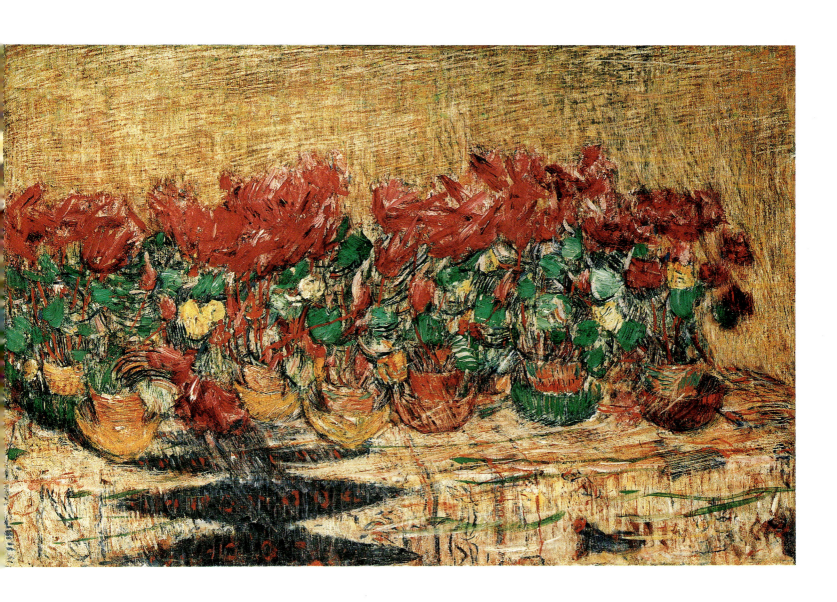

69
Tanz um den Sonnenball, um 1916

Temp.und Öl/Lwd., 100 x 125 cm
bez.u.r. C/R – Wv. 574
Städtische Kunsthalle Recklinghausen

70
Akrobaten, um 1916 ▷

Temp./Lwd., 110 x 75,5 cm
bez.u.r. CR – Wv. 577
Museum Folkwang Essen

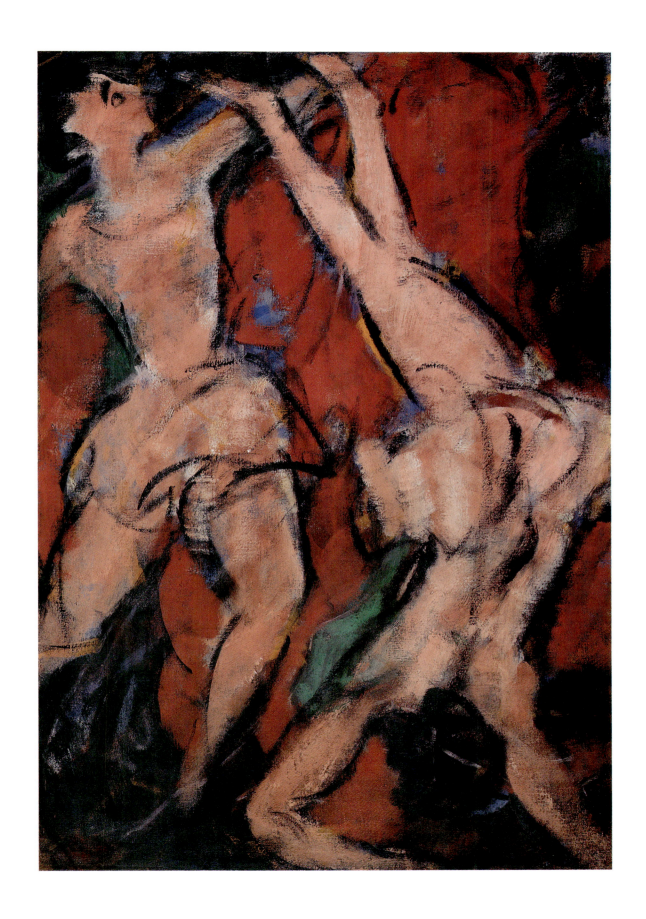

71
Soester Haus, 1917

Temp./Lwd., 99 x 79 cm
bez.u.r. CR 17 – Wv. 579
Dauerleihgabe aus Privatbesitz im
Von der Heydt-Museum Wuppertal

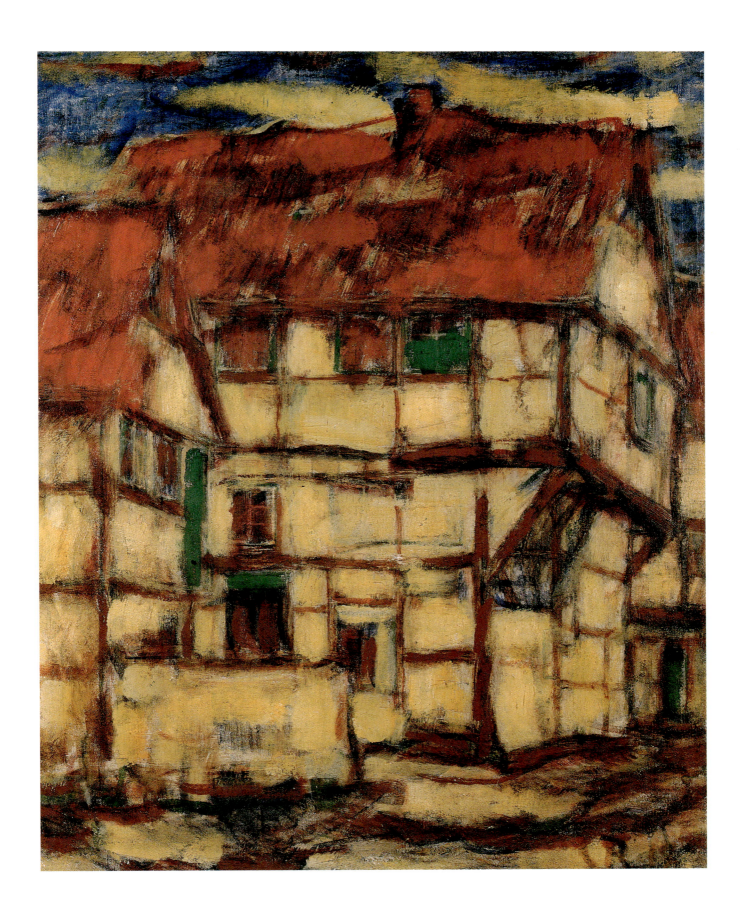

72
Baum im Herbst, 1917
Temp./Lwd., 98,5 x 61 cm
bez.u.r. CR 17 – Wv. 581
Von der Heydt-Museum
Wuppertal

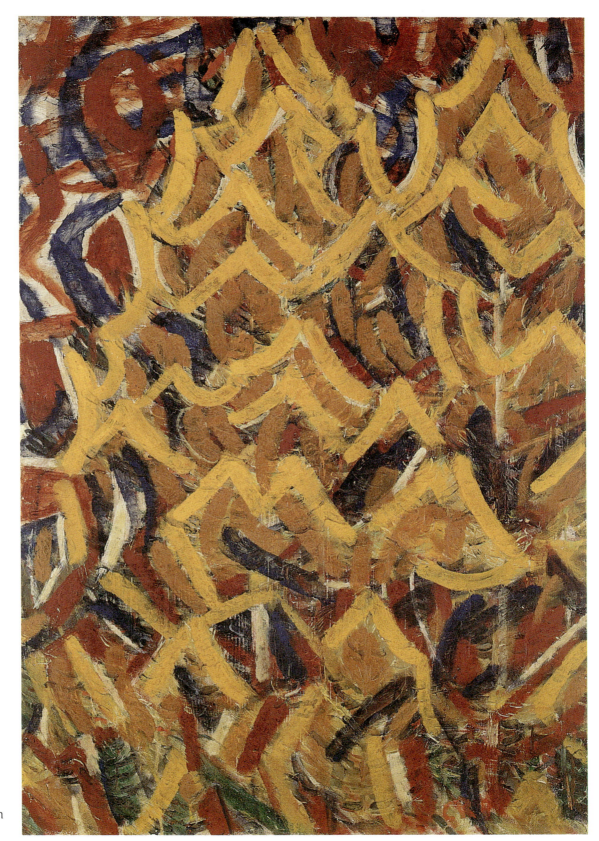

73
Junge Fichten, 1917
Temp. und Öl/Lwd.
110 x 74,5 cm
bez.u.r. CR 17 – Wv. 582
Schleswig-Holsteinisches
Landesmuseum
Stiftung und Sammlung Horn
Schloß Gottorf, Schleswig

74
Selbstbildnis, 1918

Temp./Lwd., 72,5 x 57 cm, bez.u.r. CR 18 – Wv. 613
Museum Folkwang Essen, Helene Rohlfs-Stiftung

1917 hatte ihn ein junger Freund, der Kunsthistoriker Dr. Kaesbach, während eines Fronturlaubs im Hagener Atelier besucht und um ein Selbstbildnis gebeten. Rohlfs hatte sich mit diesem Thema nie zuvor beschäftigt. Er sagte zu, vollendete das Gemälde jedoch erst mehr als ein Jahr später.

Es ist das Bildnis eines alternden Mannes geworden, der auf jegliche Glorifizierung des Äußeren Ich verzichtete und dafür ein Werk voller psychologischer Tiefe schuf. Das dunkle, fast holzschnitthaft wirkende Antlitz hebt sich beinahe plastisch vor dem hellen Hintergrund ab. Der durchdringende Blick der Augen fixiert nicht den Betrachter, sondern ist in die Ferne gerichtet. Der Gesamteindruck scheint von Einsamkeit und Askese geprägt. Die schmalen, abfallenden Schultern – in Wahrheit war der Künstler kraftvoll und breitschultrig – unterstreichen dies noch, wie es denn bei desem Gemälde überhaupt nicht um eine Frage der äußeren Ähnlichkeit als vielmehr um den Versuch einer selbstkritischen Auseinandersetzung mit dem eigenen Ich gegangen ist.

75
Ecce Homo, 1922

Temp./Lwd. 101 x 80 cm
bez.u.r. CR 22 – Wv. 671
Museum Folkwang Essen
Helene Rohlfs-Stiftung

76
Tod, 1922

Temp./Lwd.
110,8 x 74,5 cm
bez.u.r. CR 22 – Wv. 672
Museum Folkwang Essen

77
Tor in Dinkelsbühl, 1923

Temp./Lwd., 100,5 x 59,5 cm
bez.u.r. CR 23 – Wv. 683
Suermondt Ludwig Museum Aachen

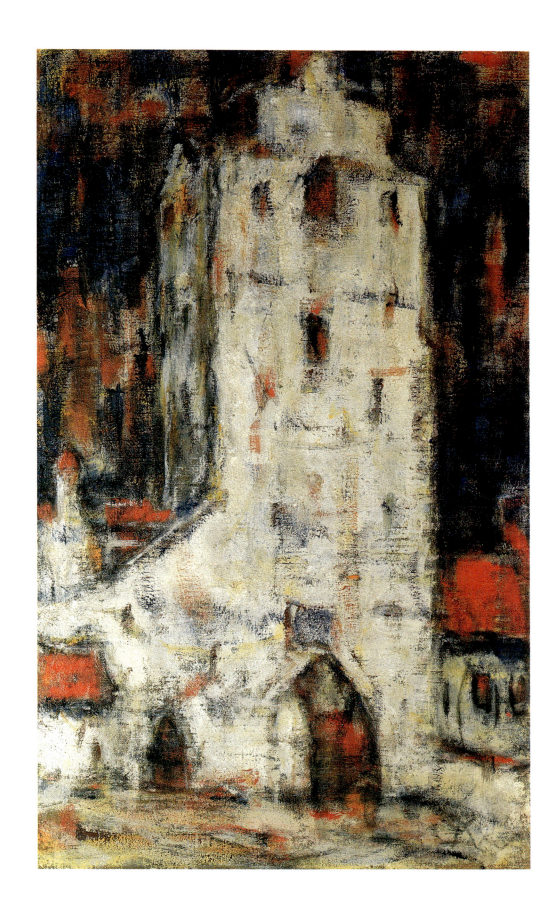

78
Stadttor in Dinkelsbühl, 1924

Temp./Lwd., 80,5 x 100,5 cm, bez.u.r. CR 24 – Wv. 687
Kunst- und Museumsverein im Von der Heydt-Museum Wuppertal

Dinkelsbühl und Rothenburg waren für Rohlfs die herausragenden Erlebnisse auf der zweiten Bayernreise 1921 gewesen, beides Städte, deren Architektur ihn faszinierte und zu zahlreichen Arbeiten anregte.
Wie bereits früher in Soest hatte er sich das alte Dinkelsbühl zuerst schauend erobert und die für ihn wichtigsten Eindrücke in einer großen Zahl von Zeichnungen festgehalten. Für mehr als die beiden damals entstandenen Gemälde mit Motiven der Stadt erschien ihm wohl die vorhandene Zeit des Aufenthalts nicht ausreichend. So hat er seine Eindrücke wie so oft später im Hagener Atelier aus der Erinnerung wiederholt und eine neue Fassung des *Stadttores* geschaffen, die gegenüber der ersten eine veränderte Malweise aufweist. Details sind nicht mehr wichtig. Das Bild ist aus einer tragenden Gesamtstimmung entstanden, der sich Farbe und Form unterordnen und zur Entmaterialisierung der Farbmaterie tendieren. Es ist immer noch das alte Stadttor, das wir erkennen, doch seine malerische Schönheit reflektiert Sicht- und Empfindungsweise des gereiften Künstlers, der dem äußeren Sein seine innere Sicht der Wirklichkeit überordnet.

79
Klagelieder Jeremiae, 1924
Temp./Lwd., 98 x 79 cm, bez.u.r. CR 24 – Wv. 688
Sparkasse Essen

Briefe von Frau Rohlfs aus dem Jahr 1924 berichten von der Drohung,
Atelier und Wohnung durch Beschlagnahme während der Ruhrbesetzung
zu verlieren. In der Bibel, in den »Klageliedern Jeremiae,« fand Rohlfs ein
Gleichnis zu dieser Situation: »Unser Erbe ist den Fremden zuteil geworden und unsere Häuser den Ausländern«. Er hat dabei auf jede Dramati-
sierung verzichtet und dafür ein stilles, hintergründiges Werk geschaffen:
Zwei Menschen halten sich gegenseitig in tiefer Verbundenheit fest, die
äußere Einflüsse nicht zu lösen vermögen. Der Hintergrund ist weitgehend
abstrahiert und enthebt das Bild dadurch jeder Gegenwartsbezogenheit.
Auch die eher kraftvolle Farbigkeit verrät weder Düsternis noch Schmerz.
Es wird deutlich, daß dem Maler ein Moment des Trostes im Augenblick
der Bedrohung und Furcht wichtiger erschien als eine Illustrierung des
Geschehens. So dokumentiert das Kunstwerk die persönliche Stellungnahme des damals fünfundsiebzigjährigen Künstlers. Es spiegelt Alters-
weisheit, menschliches Verstehen und das Wissen um die Zusammen-
gehörigkeit zweier Menschen in einer außergewöhnlichen Situation.

80
Die Heiligen Drei Könige, um 1924

Temp. und Öl/Lwd., 110 x 74 cm
bez.u.r. C/R – Wv. 697
Kulturhistorisches Museum Rostock
Kloster zum Heiligen Kreuz

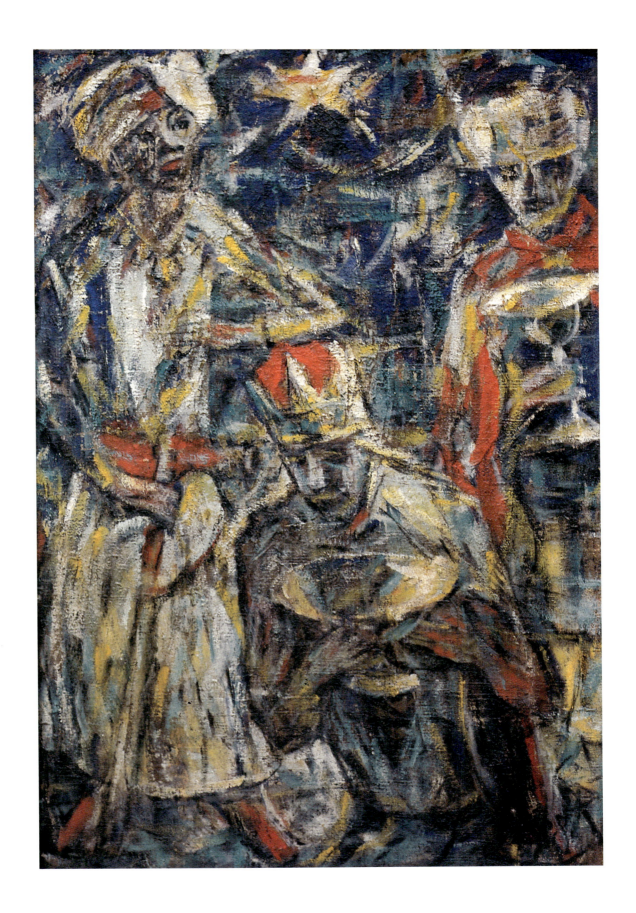

◁ **81**
Callas, 1925

Temp./Lwd., 100,7 x 80,3 cm
bez.u.r. CR 25 – Wv. 702
Sprengel Museum Hannover

82
Iris, 1925

Temp./Lwd., 75 x 100 cm
bez.u.r. CR 25 – Wv. 703
Privatbesitz

83
Engel, der Licht in die Gräber trägt, um 1925

Temp./Lwd., 100,7 x 75,6 cm, bez.u.r. CR – Wv. 706
Museum Folkwang Essen, Helene Rohlfs-Stiftung

Zwei Engel gehören zu den letzten religiösen Themen im Spätwerk des Malers: dieser und jener von 1933 mit dem Flammenschwert (Kat. 86). Beide Gemälde dokumentieren den Wandel der Anschauung von der Nachempfindung der biblischen Texte zu den symbolischen Kompositionen der Spätzeit, die der Künstler als zutiefst expressive Mitteilungsträger für seine Empfindungen begriff. Die Allgemeingültigkeit und überzeitliche Aussage der Bibel läßt sich zwar auch bei den früheren Werken dieser Thematik erkennen. Doch erst in diesen letzten Spätwerken ist er zu jener Einfachheit der Form gelangt, die gleichzeitig eine äußerste Verdichtung des Gehalts bedeutete, an der dem greisen Künstler gelegen war.

Die Gestalt des Engels füllt den größten Teil des Bildgrundes, ja sie negiert die vorgegebenen Bildgrenzen, so daß die Darstellung wie ein Ausschnitt aus einem nicht zu bestimmenden Raum wirkt. Das eigentliche Thema aber heißt Licht – Licht im geistigen Sinne und nicht als Helligkeit. Sein Glanz leuchtet vor der Dunkelheit des Bildgrundes auf und bezieht noch das Kreuz am linken Rand ein. Der Engel erscheint als immaterielle Lichtgestalt, die voll Größe und Würde dahinschreitet, an den Särgen, den Symbolen des Todes vorbei, dessen Herrschaft er beendet. Seine Helligkeit, durch fließende Konturen begrenzt, bleibt auf die Erscheinung selbst beschränkt, aus deren Händen sie in den Bildgrund strahlt. Die Todesdunkelheit wirkt trotz des tragenden Blau nicht kalt und feindlich, eher irrational in ihrer Unbestimmtheit, in die der Engel mit seinem Licht Trost und Zuversicht trägt.

84
Tänzerpaar (Die Sacharoffs), 1928
Temp./Lwd., 100 x 80 cm, bez.u.r. CR 28 – Wv. 726
Museum Folkwang Essen, Helene Rohlfs-Stiftung

Rohlfs hatte Alexander Sacharoff zum ersten Male während dessen Gastspiel in München erlebt. Die persönliche Bekanntschaft mit ihm und seiner Partnerin Clothilde von Derp kam jedoch erst bei einem späteren Auftritt in Hagen zustande und animierte ihn 1928 zu seinem wohl schönsten Gemälde mit dem Thema »Tanz«.
Schon der Duktus des Pinselstrichs suggeriert die Illusion lebhafter Bewegung. Die starken Kontraste zwischen dem aktiven Rot des Grundes und dem wirbelnden Weiß der Tänzer verstärken diesen Eindruck noch und zeugen von dem Bemühen des Malers, nicht das Gegenständliche wiederzugeben, sondern allein aus der Dynamik des Farbauftrags und dem wirbelnden Tanz der Farbe die Suggestion tänzerischer Dynamik zu gewinnen, ein Zeugnis für die souveräne Beherrschung der malerischen Mittel.

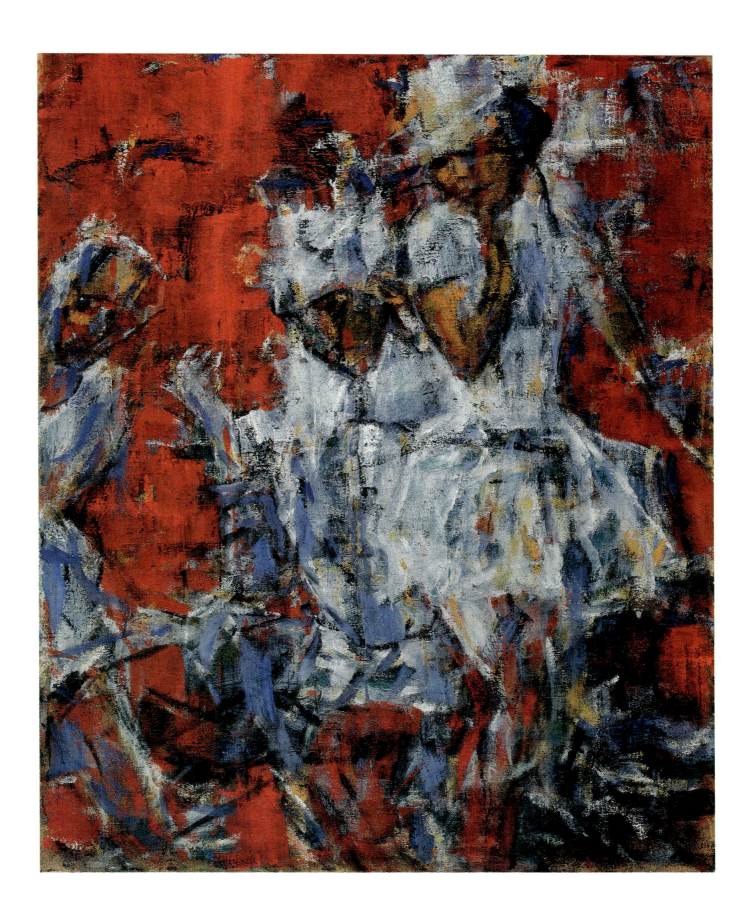

85
Spiel am Strand, 1928

Temp./Lwd., 110 x 74 cm
bez.u.r. 28 CR – Wv. 727
Privatbesitz

86
Austreibung aus dem Paradies, 1933

Temp./Lwd., 100 x 76 cm, bez.u.r. CR 33 – Wv. 750
Museum Folkwang Essen, Helene Rohlfs-Stiftung

Das Thema »Austreibung aus dem Paradies« kommt im Werk von Rohlfs in mehreren Gemälden und graphischen Fassungen vor. 1933 griff es der Fünfundachtzigjährige noch einmal abschließend auf, bewegt durch die Zeitereignisse, die Unheil verhießen.

Nun gab er nicht mehr die biblische Erzählung wieder, sondern bezog das Geschehen direkt auf die Gegenwart, auf den Betrachter. Das Gemälde selbst wurde zur Pforte des Paradieses, vor dessen lichtem Hintergrund der Engel mit dem Flammenschwert erscheint. Seine abwehrende Geste gilt weniger dem im Vordergrund klein aus dem Bild heraustretenden Menschenpaar als vielmehr uns. Keine dramatische Gebärdensprache, keine theatralische Gestik stört den Eindruck von Ernst und Endgültigkeit, den die Erscheinung des Engels vermittelt. Das verlorene Paradies – im Jahre 1933 eine symbolische Darstellung von höherer Bedeutung als nur Illustration zu einem biblischen Text.

Arbeiten auf Papier

87
Kranich, 1904/06 (nach ostasiat. Vorbild)

Aquarell, 25,1 x 33 cm, unbez.
Privatbesitz

88
Löwe, 1904/06 (nach ostasiat. Vorbild)

Aquarell 25,1 x 33 cm, unbez.
Privatbesitz

89
Blüten (Hetschburg), 1907
Aquarell, 24,2 x 29,8 cm, bez.u.r. CR 7 H
Privatbesitz

90
Junge Kiefer (Hetschburg), 1907 ▷
Aquarell, 51 x 35 cm, bez.u.r. CR 7 H – Wv. 07/08
Privatbesitz

91
Landschaft bei Hetschburg, 1907

Aquarell, 37,5 x 50,2 cm, bez.u.r. CR
Privatbesitz

92
Biblische Szene, um 1911

Aquarell und Kreide/Pappe
23,9 x 29,1 cm, bez.u.r. CR
Privatbesitz

93
Mädchenkopf, um 1912 ▷

Aquarell, 30,2 x 20 cm
bez.u.r. CR
Privatbesitz

94
Rote Beeren, 1914

Aquarell und Tusche, 25,9 x 37,5 cm, bez.u.r. CR 14
Westfälisches Landesmuseum für Kunst und Kulturgeschichte Münster
Dauerleihgabe der Westfälischen Provinzial Feuersozietät

95
Dorfstraße, um 1915/16

Wassertempera
24,2 x 31,6 cm, unbez.
Privatbesitz

96
Dorf, 1916/17

Aquarell und Tuschfeder
20,5 x 29,1 cm, unbez.
Privatbesitz

97
Landschaft, 1919

Aquarell, 20,9 x 26,6 cm
bez.u.r. CR 19
Privatbesitz

98
Abstraktion, 1919

Aquarell und Texturen
20,9 x 26,6 cm, bez.u.r. CR 19
Privatbesitz

◁ 99
Ringelblumen, 1919

Wassertempera, 68,3 x 49,5 cm
bez.u.M. CR 19 – Wv. 19/49
Privatbesitz

100
Orchideen, 1920

Wassertempera, 50,5 x 68,5 cm
bez.u.r. CR 20 – Wv. 20/84
Museum Folkwang Essen
Helene Rohlfs-Stiftung

101
Bauern vorm Wirtshaus (Andechs), 1920

Aquarell, 22,8 x 29 cm, bez.u.r. CR 20 A
Privatbesitz

102
Herbstlandschaft am Ammersee, 1920

Wassertempera u. Tusche, 55,5 x 75 cm, bez. 2x CR 20 – Wv. 20/41
Museum Folkwang Essen, Helene Rohlfs-Stiftung

◁ **103**
Mädchen mit grüner Schleife, 1920

Wassertempera, 61 x 48 cm, bez.u.r. CR 20 – Wv. 20/5
Privatbesitz

104
Erling, 1920/21

Wassertempera, 50 x 80,3 cm
bez. CR 20 u. CR 21 – Wv. 21/42
Privatbesitz

105
Bayerische Landschaft mit Teich, 1921

Wassertempera, 50,6 x 69,6 cm, bez.u.r. CR 21 – Wv. 21/43
Museum Folkwang Essen

Die Sommermonate 1920 und 1921, die Rohlfs mit seiner jungen Frau in
Bayern verbrachte, gehören zu den ertragreichsten der zwanziger Jahre.
Die Malerei hat sich gegenüber der von 1919 deutlich verändert. Die Farben strömen fortan in kraftvollen Tonlagen. Der breitstreichende Pinsel,
wie wir ihn aus der Arbeit auf Leinwand kennen, wird nun auch zu der mit
Wassertempera auf Papier verwendet, dem künftig bevorzugten Malverfahren.
Ein kleiner Moorteich in der Nähe von Erling reizte den Maler durch seine
leuchtend blaue Oberfläche zum Schaffen. Rohlfs hat ihn wiederholt
gemalt, mit weitgezogenem Pinselstrich und einer in ihrer Dichte an
Gemälde erinnernden Farbigkeit. Das tiefe Blau erweist sich, wie so oft bei
diesem Künstler, als bildbeherrschender Klang, zu dem alle anderen Töne
in harmonische Beziehung treten. Lichte und dunkle Streifen wechseln.
Der Bildraum wird allein durch den räumlichen Farbwert und nicht durch
Perspektive bestimmt. Alle Details sind unterdrückt. Die Landschaft wird
eher summarisch aufgefaßt, sie ist als bewegtes Farbmuster groß gesehen,
wobei der Akzent nicht auf der getreuen Wiedergabe der Realität, sondern
auf der Übersetzung des Augeneindrucks in eine unabhängige Bildkomposition liegt.

106
Phantastisches Mosaik, 1920/21
Wassertempera, 66,5 x 47,5 cm, unbez. – Wv 21/90
Privatbesitz

Der Künstler hat mit diesem Blatt eine für ihn ungewöhnliche Komposition geschaffen. Sie erinnert in ihrer Aufteilung eher an ein abstrahiertes Glasfenster als an ein Temperablatt, obgleich die Intensität der Farbpigmente wie der kraftvolle Pinselstrich eindeutig die Zugehörigkeit zu den Werken um und nach 1920 erkennen lassen. Den eigentlichen Kern der Darstellung bilden zwei vergleichsweise »magische« Köpfe, die hell hinter dem starken Geflecht weitgehend reiner Farbe erkennbar sind. Der deckende Farbauftrag wirkt – ungewöhnlich genug für eine Arbeit auf Papier – beinahe gemäldehaft dicht, die Verwendung von tiefem Schwarz als Farbe befremdlich. Rohlfs benutzte es als kompositionelles Gerüst, in das er wie bei einem Mosaik leuchtende Töne einfügt, so daß augenirritierende Spannungen aus den Hell-dunkel-Kontrasten wie aus den räumlichen Kontrastwirkungen zwischen dem hervortretenden Rot und den in die Tiefe weichenden Blauvariationen entstehen, zwischen denen – ebenso ungewöhnlich bei Rohlfs – auch kontrastierendes Weiß als Farbe erscheint.
Das Werk dokumentiert die ungebrochene Experimentierlust des Malers, der hier vielleicht auf zeitaktuelle Impulse reagierte, ohne deswegen auf die eigene, unverwechselbare Handschrift und Farbgebung zu verzichten.

107
Zweig mit Äpfeln (Holst. Skizzenbuch), 1922
Aquarell und Tuschfeder, 25,8 x 34,6 cm, unbez.
Privatbesitz

108
Bildnis der Mutter, 1922

Trockenfarbe, Seife und Rohrfeder, 65,2 x 51,8 cm,
bez.u.r. CR 22 – Wv. 22/4
Museum Folkwang Essen, Helene Rohlfs-Stiftung

1922 hatte Rohlfs seinen Bruder Hinnerk im heimatlichen Fredesdorf
besucht. Die Reise hatte Erinnerungen an seine Jugend wachgerufen, von
denen der in persönlichen Dingen sonst eher schweigsame Künstler seiner jungen Frau erzählte (s. Anhang). Auf ihre Bitten hat er nach der Rückkehr in das Hagener Atelier ein Porträt seiner Mutter gemalt, wie er sie in
Erinnerung behalten hatte: die schlichte Darstellung einer Frau in der
Tracht ihrer Zeit, beseelt von jener inneren Heiterkeit, die sich so sehr von
der schweigsamen Strenge des Vaters abhob. Der Zusammenklang der
Pinselarbeit mit der Tuschfederzeichnung ist für die Werke dieses Jahres
typisch. Die Maltechnik jedoch war neu. Um die angestrebte Farbwirkung
zu erzielen, hat Rohlfs für seine Pigmente als Bindemittel selbst herge-
stellte Seifen verwendet, ein eher ungewöhnliches Verfahren, das Lovis
Corinth vor diesem Bild zu der Bemerkung veranlaßte, Rohlfs sei allein
wegen eines solchen Blattes ein Platz im Malerhimmel sicher.

109
Tanzende, 1923
Wassertempera, 64 x 46 cm, bez.u.r. CR 23 – Wv. 23/3
Privatbesitz

Die Komposition geht auf das Erlebnis eines Tanzabends von Mary Wig-
man mit ihrer Truppe 1923 in Elberfeld zurück. Rohlfs, tief beeindruckt,
suchte nun nach einem Weg, Rhythmus und Bewegung direkt durch Farbe
auszudrücken und auf der Fläche des Bildes kongenial wiederzugeben.
Dementsprechend entsteht tänzerische Bewegung aus der Lebhaftigkeit
des Farbauftrags und dessen suggestiven Möglichkeiten. Dabei stehen
nicht die Tanzenden selbst im Vordergrund, sie bilden vielmehr einen
unlösbaren Teil einer Gesamtkomposition von hoher Dynamik. Um diese
Wirkung zu erreichen, hat der Künstler die Pigmente weitgehend flüssig
vermalt und durch das Auswaschen der Farben mit dem Pinsel bis zur Frei-
legung des Bildgrundes sowohl den Duktus der Konturen betont als auch
die Bildfläche in ein verwirrendes Geflecht hell aufblitzender Lichtstreifen
verwandelt, die den Eindruck wirbelnder Bewegtheit erzeugen. Im Gegen-
satz zu der Tanzfassung von 1928 (Kat. 84) bleibt der Grundtenor der Darstellung eher kühl, wobei die wärmeren rötlichen Brauntöne einen bildbe-
stimmenden Kontrast zu den Brechungen von Grün und Blau hervorrufen.

110
Dom und Severi, Erfurt, 1924
Wassertempera, 51 x 72 cm, bez.u.r. CR 24 – Wv. 24/6
Angermuseum Erfurt

1924 hatte der Künstler auf Einladung seines alten Freundes, des Museumsdirektors Dr. Kaesbach, erneut Erfurt besucht. Dr. Kaesbach hatte ihm ein Zimmer bei einer alten Dame mit Blick auf die berühmte Ansicht mit Dom und Severikirche reserviert, in der berechtigten Hoffnung, daß sich der stets für mittelalterliche Architektur begeisterte Künstler zu einem Bild anregen lassen würde. Die Meinung jener Dame, Rohlfs könne kein Maler sein, weil er nur am Fenster gesessen, geraucht und geschaut habe, verwundert den Kenner nicht. Der Künstler hat erst im Hagener Atelier mit der Arbeit begonnen und aus der Erinnerung mit 14 Variationen über mittelalterliche Baukunst eine der schönsten Architekturreihen der deutschen Kunst geschaffen. Er schilderte die Bauwerke so, wie er sie gesehen hatte: die Ostseite des Domes St. Marien mit der offenen Terrasse und dem Treppenaufgang, von der Dreiturmgruppe der Kollegiatskirche St. Severi umfaßt – ein Anblick von Erhabenheit und Größe. Die Blätter übertreffen im Spiel des Lichts und der farbigen Schatten, in der Intensität und machtvollen Orchestration der tragenden Tonlagen, die sich mit den Tageszeiten ändern, wie an Souveränität der Handschrift und freien Zeichnung alle bisher entstandenen architektonischen Motive. Sie demonstrieren in vollkommener Weise das Bemühen des Künstlers, aus dem wachsenden Abstand von der Realität, die gleichwohl seinen Arbeiten als Ausgangspunkt erhalten bleibt, eine höhere Wirklichkeit zu gewinnen, in der sich Gesehenes und Erlebtes, die Faszination des Auges wie seine persönliche Sicht der Dinge zu einer überzeugenden Synthese vereinen.

111
Dom und Severi, Erfurt, 1924

Wassertempera, 50,5 x 69,5 cm
bez.u.r. CR 24 – Wv. 24/7
Angermuseum Erfurt

112
Weiße Tulpen, 1925

Wassertempera, 50,5 x 73 cm, bez.u.r. CR 25 – Wv. 25/36
Museum Folkwang Essen, Helene Rohlfs-Stiftung

113
Roter Strauß, 1925

Wassertempera, 51 x 57 cm
bez.u.r. CR 25 Wv 25/39
Privatbesitz

114
Früchtestilleben, 1926

Wassertempera, 58,8 x 79 cm, bez.u.r. CR 26 – Wv. 26/44
Privatbesitz

Eine blau-weiße Fayence-Schale der Wiener Manufaktur, das warme Rot
von Äpfeln neben dem leuchtenden Gelb einiger Bananen, ein Hintergrund, in dem sich zwischen kraftvoll farbigen Pinselstrukturen eine
zweite Schale verbirgt – ein schlichtes Motiv, doch von welch malerischem
Glanz und welcher Daseinsfreude! Das Blatt dokumentiert auf vollendete
Weise die Möglichkeiten der Malerei auf Papier, mit denen sich der Künstler immer nachhaltiger neben seinen Gemälden beschäftigte. Die Orchestration starker Farbklänge und deren hohe Leuchtkraft, die Rohlfs in diesen Jahren auch in der Malerei auf Leinwand anstrebte, gewinnt in dieser
so handschriftlich wirkenden und doch so sorgfältig aufgebauten Komposition eine hohe Bildwirkung. Man vergißt über ihrer Kraft und geradezu
jugendlichen Heiterkeit leicht, daß sie von einem 77jährigen Maler geschaffen wurde, sicher in einer glücklichen Stunde.

◁ **115**
Mädchen am Strand, 1926

Wassertempera, 58,5 x 38 cm
bez.u.r. CR 26 – Wv. 26/3
Museum Folkwang Essen
Helene Rohlfs-Stiftung

116
Sonnenuntergang an der Ostsee, 1926

Wassertempera, 51 x 70,4 cm
bez. CR 26 – Wv. 26/17
Privatbesitz

118
Sonnenblumen in blauer Vase, 1929

Wassertempera, 48,5 x 66 cm, bez.u.r. CR 29 – Wv. 29/16
Museum Folkwang Essen, Helene Rohlfs-Stiftung

◁ **117**
Mond, Bäume, Berge, See, 1928

Wassertempera, 70 x 55,5 cm, unbez. – Wv. 28/14
Privatbesitz

119
Christsterne, 1929
Wassertempera, 70 x 55 cm, bez.u.r. CR 29 – Wv. 29/17
Museum Folkwang Essen

Die *Christsterne* von 1929 sind eines der letzten Beispiele für die kraftvolle und farbstarke Maltechnik der zwanziger Jahre, die sich deutlich von jener der dreißiger unterscheidet.

Rohlfs verbrachte damals bereits das zweite Jahr in Ascona. Sein Werk reagierte anfangs noch zögernd, dann immer erkennbarer auf die Begegnung des Künstlers mit der Vielfalt und Farbenpracht südlichen Blühens. Dabei behielt er bei einigen Blütenbildern – wie diesem – anfangs noch die erprobte Malweise des satten Farbauftrags mit dem breitstreichenden Pinsel bei, während andere bereits eine deutliche Entmaterialisierung der Farbmaterie zeigen, die mit einer Aufhellung seiner Palette verbunden ist. Das Bild lebt von starken Kontrasten. Das intensive Krapplackrot der Blüten wird durch den weitgehend dunkel gehaltenen und nur am rechten Bildrand aufgehellten Hintergrund aus Ultramarinblau gesteigert. Dabei entsteht ein für Rohlfs typischer, geradezu festlicher Klang »großer« Töne, die durch den zeichnerischen Duktus handschriftlich bewegter, schwarzer Lineaturen noch einmal gesteigert werden.

Details wurden fortan in dem Maße unwichtig, in dem der Maler die Realitätstreue zugunsten seiner persönlichen Vorstellung von einer höheren und umfassenderen Wirklichkeit vernachlässigte.

120
6 Blätter aus dem Tatjana-Zyklus, 1931

Museum Folkwang Essen, Helene Rohlfs-Stiftung

a) Elegie I
Wassertempera u. Kreide, 49 x 33 cm, unbez. – Wv. 31/5

b) Tanz mit Maske I
Wassertempera u. Kreide, 59 x 34,8 cm, unbez. – Wv. 31/16

c) Tanz mit Maske II
Wassertempera u. Kreide, 44,5 x 29,5 cm, unbez. – Wv. 31/17

d) Russisches Volkslied I
Wassertempera, 39,5 x 56,5 cm, unbez. – Wv. 31/14

e) Mongolischer Fahnentanz II
Wassertempera u. Kreide, 48 x 33 cm, unbez. – Wv. 31/11

f) Erde
Wassertempera, 44,5 x 29 cm, unbez. – Wv. 31/21

Im Sommer 1931 hatte die befreundete Tänzerin Tatjana Barbakoff Rohlfs in Ascona besucht, Grund genug für den Maler, ihr und ihrer Tanzkunst eine in der Geschichte der modernen Malerei einmalige Variationsfolge zu widmen. Damals sind 21 Wassertemperablätter und zahlreiche Zeichnungen entstanden, in der es dem Künstler nicht um die Wiedergabe bestimmter Szenen, sondern um das Zusammengehen tänzerischer Bewegung mit einer durch den Tanz ausgedrückten menschlichen Empfindungslage ging. Gerade durch diese Form des »Ausdruckstanzes« ist Tatjana Barbakoff berühmt geworden. So empfindet man an jeder im Kunstwerk festgehaltenen Tanzpose die in Gestus und Bewegung enthaltene schicksalhafte Aussage.

Ohne es zu ahnen, hat ihr Rohlfs mit dieser farbig so lebhaften und gleichzeitig doch so hintergründigen Folge ein Denkmal gesetzt – das Leben Tatjana Barbakoffs endete nur wenige Jahre später im Konzentrationslager.

120a   Elegie I

120b   Tanz mit Maske I

120c   Tanz mit Maske II

120 d   Russisches Volkslied I

120e Mongolischer
Fahnentanz II

120f   Erde

121
**Der alte Gärtner
(François), 1933**

Wassertempera
72 x 51 cm
bez.u.r. CR 33 – Wv. 33/3
Museum Folkwang Essen
Helene Rohlfs-Stiftung

◁ **122**
Weiße Escheverien in roter Schale, 1934

Wassertempera, 67 x 48 cm
bez.u.r. CR 34 – Wv. 34/45
Museum Folkwang Essen, Helene Rohlfs-Stiftung

123
Gelbe Seelandschaft 1933

Wassertempera, 57 x 79 cm
bez.u.r. CR 33 – Wv. 33/14
Privatbesitz

124
**Drei junge
Mädchen, 1934**

Wassertempera
71 x 51 cm
bez.u.r. CR 34 – Wv. 34/2
Museum Folkwang Essen
Helene Rohlfs-Stiftung

125
Brücke im Tessin, 1934

Wassertempera
72 x 50 cm
bez.u.r. CR
Wv. 34/24
Privatbesitz

126
**Brauner Mond-
schein, 1935**

Wassertempera
77 x 54 cm
bez.u.r. CR
Wv. 35/14
Privatbesitz

127
Der Blitz,
1935

Wassertempera
75,5 x 55,5 cm
bez.u.r. CR 35
Wv. 35/15
Privatbesitz

128
Berg mit dunkler Wolke, 1935

Wassertempera, 78 x 58 cm, bez.u.r. CR 35 – Wv. 35/18
Sparkasse Essen

Die Fülle der Variationen, die Rohlfs in Ascona allein zum Thema »Landschaft« schuf, sollte nicht darüber hinwegtäuschen, daß ihnen stets ein Augenerlebnis zugrunde lag. Der Blick von seiner Terrasse auf das italienische Ufer des Lago Maggiore bot ihm zu jeder Tages- und Jahreszeit ein anderes Bild: die Berge im Schnee (Kat. 132) und in der Farbigkeit des Sommers, im Licht der Sonne und im Schein des Mondes (Kat. 126), in farbigen Stimmungen (Kat. 123) oder wie hier in der Dunkelheit eines aufziehenden Gewitters, das sich später im *Blitz* (Kat. 127) entladen wird.
Nur wenig Licht ist an den Rändern der Wolke geblieben, ein letzter schwacher Schimmer auf der Fläche des Sees, der schon mit den Konturen des Ufers verschmilzt. Schwere, geschlossene Farbflächen aus Braun und Blau unterstreichen den Eindruck gespannter Stille, hinter dem das nahende Naturdrama für den Betrachter bereits erkennbar ist.

129
Schneeberge bei Nacht, 1935

Wassertempera, 58 x 78,5 cm
bez.u.r. CR 35 – Wv. 35/24
Museum Folkwang Essen
Helene Rohlfs-Stiftung

130
Das schwarze Haus, 1935 ▷

Wassertempera, 78 x 57 cm
unbez. – Wv. 35/46
Museum Folkwang Essen
Helene Rohlfs-Stiftung

◁ **131**
Verblühte Tritomen, 1935

Wassertempera, 78 x 57 cm
bez.u.r. CR 35 – Wv. 35/64
Museum Folkwang Essen
Helene Rohlfs-Stiftung

132
Monte Tamaro im Winter, 1935

Wassertempera, 48,5 x 79 cm
bez.u.r. CR 35 – Wv. 35/32
Museum Folkwang Essen
Helene Rohlfs-Stiftung

133
Große Canna indica, 1935

Wassertempera, 79 x 58 cm, unbez. – Wv. 35/74
Museum Folkwang Essen, Helene Rohlfs-Stiftung

Unter der großen Zahl an Blumen, die im Garten der Casa Margot, seiner Tessiner Wohnung, in südlicher Farbenvielfalt und Üppigkeit blühten, ragt diese *Canna indica* nicht nur wegen ihrer Farbintensität, der formatfüllenden Dimension, sondern auch wegen der Maltechnik hervor. Sie gehört zu den wenigen Beispielen der Zeit, in der Rohlfs darauf verzichtete, die Farben in einem weiteren Schaffensgang durch Überarbeitung mit Pinsel oder Bürste zu entmaterialisieren. Zweifellos schien ihm die Kraft eines reinen, bildbeherrschenden Krapplack, das lediglich durch wenig Ultramarin gesteigert wurde, dem Charakter der Blüte gemäßer. Es bedurfte nur weniger Mittel, um eine Blüte zum Bild werden zu lassen, ein Bild zum Blühen zu bringen, aber einer Weltsicht, die nur aus den Erfahrungen eines langen Lebens gewonnen werden konnte.

◁ **134**
Tod wo ist dein Stachel, 1936

Wassertempera, 67 x 49,5 cm
bez.u.r. Cr 36 – Wv. 36/2
Museum Folkwang Essen
Helene Rohlfs-Stiftung

135
Tessiner Häuser im Schnee, 1936

Wassertempera, 58 x 78 cm
bez.u.r. CR 36 – Wv. 36/47
Museum Folkwang Essen
Helene Rohlfs-Stiftung

136
Häuser in Bosco, 1936

Wassertempera, 57 x 78 cm, bez.u.r. CR 36 – Wv. 36/45
Museum Folkwang Essen

Neben der Landschaft und den Blüten des Tessin haben Rohlfs immer wieder jene Bauwerke fasziniert, die in den stillen Tälern der Verzasca, der
Maggia und in Bosco mit ihren Mauern aus grauem Stein oder aus warmem, dunklem Holz ihren eigenen Zauber entfalteten. Zu Beginn jedes
Ascona-Aufenthalts finden wir ihn auf einem Streifzug durch diese Gegen-
den. Er malte oder zeichnete dabei nicht, sondern prägte sich lediglich,
intensiv schauend, ihr Bild ein, um es später, noch in Ascona oder im Winter im Hagener Atelier, aus der Erinnerung wachzurufen.
So ist auch dieses Blatt entstanden, im Dreiklang eines gebrochenen Weiß,
dem er damit die Kühle nahm, eines warmen Braun und eines tiefen Ultramarin. Die Häuser strahlen Geborgenheit und Stille aus, ihre festen Konturen sind gelöst, der undingliche Farbschimmer ihrer von Alter und
Verwitterung gefurchten Mauern enthebt das Gegenständliche der Realität
und verleiht ihnen einen Symbolcharakter, der durch die Hand des Malers
sein künstlerisches Äquivalent fand.

137
Reiher, 1936

Wassertempera und Kreide, 57 x 39 cm, unbez. – Wv. 36/93
Privatbesitz

»Tiere sind famos« schrieb Rohlfs schon 1901. So kommen Tierdarstellun-
gen im Werk des Künstlers wiederholt vor, vorwiegend als Skizzen nach
Zoobesuchen, doch auch als Bestandteile einer bestimmten Landschaft,
wie Gänse und Hühner in Soest oder Kühe und Pferde im holsteinischen
Skizzenbuch von 1922. Nur selten hat er jedoch Tiere zum Hauptmotiv
einer Komposition gewählt, wie in diesem Falle. Er behandelte sie wie alle
anderen Themen des Spätwerks nicht als Abbilder der Natur, sondern hob
sie wie die Blüten, die Landschaft und die Architektur als Symbole einer
umfassenderen Sicht der Welt und ihrer Erscheinungen von der Realität ab. So wirken die drei Reiher im kompositionellen Zusammenhang
geschwungener Formen, die uns die natürliche Eleganz der Vogelkörper
vor Augen führen, geradezu stillebenhaft wie ein Strauß schmaler Blüten.
Sie entwachsen ohne materielle Schwere einem verhaltenen, nur wenig
farbigen, doch um so subtileren Hintergrund, wobei ihnen die hell her-
ausgewaschenen Konturen ein beinahe schwebendes, unwirkliches Sein
verleihen.

138
Abend am See, 1936

Wassertempera, 54 x 77 cm
unbez. – Wv. 36/36
Privatbesitz

139
Ghiridone im Schnee, 1937

Wassertempera, 57 x 78 cm
bez.u.r. CR 37 – Wv. 37/30
Privatbesitz

140
Alter Baum, 1937 ▷

Wassertempera, 70 x 52 cm, bez.u.r. CR 37 – Wv. 37/34
Museum Folkwang Essen, Helene Rohlfs-Stiftung

141
Gladiolen gelb und violett, 1937 ▷

Wassertempera, 78 x 57 cm, bez.u.r. CR – Wv. 37/82
Museum Folkwang Essen, Helene Rohlfs-Stiftung

140

141

142
Rote Canna indica, 1937

Wassertempera, 65 x 49,5 cm
unbez. – Wv. 37/49
Privatbesitz

143
Hibiskusblüten in gläserner Schale, 1937

Wassertempera, 50 x 65 cm, unbez. – Wv. 37/48
Museum Folkwang Essen, Helene Rohlfs-Stiftung

144

145

146
Drei Chrysanthemen im Krug, 1937

Wassertempera, 58 x 79 cm, bez.u.r. CR – Wv. 37/108
Museum Folkwang Essen, Helene Rohlfs-Stiftung

Dieses Blumenbild gehört zu den vollendetsten Werken, die der damals
88jährige Künstler nicht lange vor seinem Tod geschaffen hat. Die Leuchtkraft dieser Chrysanthemen, ihr Farbenreichtum, ihr glühendes Leben verraten keine Spur des hohen Alters, kein Nachlassen der künstlerischen
Fähigkeiten. In ihrem Temperament, in der Vereinigung von Kraft und
Zartheit zeugen sie von der Souveränität des Malers – Ausdruck eines
erfüllten, anscheinend alterslosen Daseins.

Vorhergehende Seiten:

144
Rote Amaryllis auf Blau, 1937

Wassertempera, 78 x 57 cm, bez.u.r. CR 37 – Wv. 37/87
Museum Folkwang Essen, Helene Rohlfs-Stiftung

145
Magnolie von San Materno, 1937

Wassertempera, 79 x 57,5 cm
bez.u.r. CR – Wv. 37/114
Privatbesitz

147
Letzte Chrysanthemen, 1938

Wassertempera, 67 x 48 cm, unbez. – Wv. 38/1
Museum Folkwang Essen

Als Christian Rohlfs am 8. Januar 1938 in seinem Hagener Atelier gestorben war, stand auf der Staffelei ein Werk, an dem er bis zuletzt gearbeitet hatte: zwei Chrysanthemen. Sie wirken wie Symbole des unvergänglichen Seins, das er zeit seines Lebens in immer neuen Variationen zum Kunstwerk erhoben hatte. Wie fast alle späten Blüten sind auch diese ohne Zeichnung allein aus Farbe verwirklicht worden, deren schwebender, doch voller warmer Klang das Sichtbare der Realität weitgehend enthebt und sie zu Symbolen des Überzeitlichen und Bleibenden in einer Welt des Vergänglichen erhebt. Deutlicher als in der lebhaften Fassung von 1937 (Kat. 146), deren Malweise noch von intensiver Lebensfreude und einem fast jugendlichen Temperament zeugt, empfindet man hier den Abschied, die altersweise Distanz seiner Weltsicht und eines erfüllten Lebens ohne Resignation, die von den bedrängenden Problemen der Gegenwart nicht mehr berührt werden konnte.

Lebenslauf

1849	Christian Friedrich (Rufname »Fritz«) wird am 22. Dezember in Niendorf (Kreis Segeberg) als zweiter Sohn eines Kätners geboren.
1851	Umzug der Eltern nach Fredesdorf, wo der Vater einen kleinen Hof erworben hat.
1864	Der junge Rohlfs stürzt vom Baum und verletzt sich sein Bein. Trotzdem geht er jede Woche zweimal zwei Stunden zum Konfirmationsunterricht, wodurch sich das Bein entzündet. Der behandelnde Arzt Dr. Stolle, ein Schwager Theodor Storms, veranlaßt seine Übersiedlung zu einer Tante nach Leezen, um ihn dort besser behandeln zu können. Er erkennt die zeichnerische Begabung des Jungen und fördert sie.
1866	Auf Dr. Stolles Veranlassung besucht Rohlfs die Realschule in Bad Segeberg und wohnt mit zwei Mitschülern bei einem Oberförster.
1869	Empfehlung durch Dr. Stolle und Theodor Storm an den bekannten Journalisten und Kunstkritiker der Vossischen Zeitung in Berlin, Ludwig Pietsch.
	Pietsch sorgt für ein Stipendium zur Ausbildung als Zeichenlehrer und nimmt ihn in seinem Hause auf. Frau P., Italienerin, bringt dem jungen Rohlfs erste städtische Umgangsformen bei.
1870	Pietsch schlägt die nach seiner Meinung notwendige künstlerische Ausbildung an der Großherzoglichen Kunstschule in Weimar vor und empfiehlt Rohlfs an die Familie des Malers und Schriftstellers von Blomberg, in dessen Haus er aufge-

nommen wird. Frau von Blomberg ändert seinen Rufnamen in »Christian«. Rohlfs bleibt beiden Familien noch lange freundschaftlich verbunden.

Rohlfs nimmt am 1. Oktober sein Studium bei dem Historien- und Figurenmaler Paul Thumann auf.

1873/74 Wegen erneuter Entzündung des Beins Krankenhausaufenthalt in Jena

Amputation des Beins wegen chronischer Knochenmarkentzündung. Rückkehr nach Fredesdorf. Am 1. Oktober erneut in Weimar, wo er eine Freistelle erhält. Studium nun bei dem Genremaler Ferdinand Schauss.

1875 Studienaufenthalte in Dresden und Weissenfels, wo zahlreiche Skizzen entstehen.

1876 Berufung der Belgier Alexandre Struys und Willem Linnig an die Akadmie in Weimar. Rohlfs wechselt zu Struys mit dem Fach »Aktmalerei«.

1877 Erste Ausstellung mit anderen Schülern aus der Klasse Struys.

1879 Studienreise nach Eisenach und in die Rhön.

1880 Ausstellung des Gemäldes *Römische Bauleute* auf der Kunst- und Gewerbeausstellung in Düsseldorf.

1881 Wegen unterschiedlicher künstlerischer Auffassungen Zerwürfnis mit Struys. Rohlfs bezieht mit dem Maler Eddelbüttel ein Freiatelier und arbeitet bei Max Thedy, dem Nachfolger von Struys, der 1882 Weimar verläßt. Er entwickelt ein deutliches Interesse für die Landschaftsmalerei.

1884 Rohlfs wird am 15. Juni zum selbständigen Künstler erklärt. Er behält das Freiatelier.

1886 Aufenthalt in Hoof bei Kassel. Es entstehen neben vereinzelten Figurenbildern fortan fast ausschließlich Landschaften. In den folgenden Jahren entwickelt Rohlfs eine lockerere, Licht und Atmosphäre berücksichtigende, vergleichsweise impressionistische Malweise, ohne französische Bilder gesehen zu haben.

1890 In Weimar sind zum ersten Male französische Impressionisten zu sehen, zwei Werke von Monet: *Frühling in den Dünen* und der *Strand von Pourville*. Rohlfs fühlt sich dadurch auf seinem eigenen Weg bestätigt. Ausstellung in der Akademie der Künste, Berlin. Erste schwarz-weiße Stickereien.

Atelierfest in Weimar, 1886

1895	Ein Jahr in Berlin auf Einladung des Komponisten Bischof aus Weimar.
1899	Aufenthalt in Lübeck und an der Lübecker Bucht.
1900	Henry van de Velde, der spätere Leiter der Weimarer Kunstgewerbe-Schule, vermittelt die Bekanntschaft mit Karl Ernst Osthaus, der sich mit dem Plan beschäftigt, ein Museum junger Kunst (Folkwang) in seiner Heimatstadt Hagen zu gründen.
1901	Zusammen mit dem Freund Karl Arp an der Kieler Förde (Timmdorf bei Gremsmühlen). Übersiedlung nach Hagen, wo er im Museum ein Atelier erhält. Er soll im Auftrag von Osthaus eine Malschule leiten, die indes nur in ersten Ansätzen existiert hat.

1902	Aufenthalt in Weimar und in Niedernhof bei Cabel, im Winter in Hagen. Am 25. Dezember die nachträgliche Verleihung des Titels »Professor« durch den Direktor der Weimarer Akademie, Hans Olde.
1903	Aufenthalt in Hagen (Holstein), Timmdorf und Lübeck sowie in Niedernhof bei Cabel. Erste kleinformatige Aquarelle. Am Folkwang-Museum lernt er Werke von van Gogh und den jungen Franzosen kennen. Einflüsse des Neoimpressionismus und van Goghs werden in den kommenden Jahren in seinem Werk sichtbar.
1904	Frühjahr und Spätherbst in Weimar, wo er durch van de Velde Edvard Munch kennenlernt. Er gibt das Weimarer Freiatelier auf. Beginn der Freundschaft und eines langjährigen Briefwechsels mit dem jungen Kunsthistoriker Dr. Kaesbach. Erster kurzer Besuch in Soest. Mit Karl Arp in Rudelsburg. Sonderausstellung im Kunstverein Jena.
1905	Ab Mai den Sommer über in Soest im Hause Schumacher. Freundschaft mit Emil Nolde. Ausstellung in Antwerpen.
1906	Im Sommer erneut in Soest, im Winter in Hagen.
1907	Im Frühjahr zusammen mit Karl Arp in Hetschburg im Ilmtal, im Sommer in Weimar und Umgebung. Rohlfs wird Mitglied des von K. E. Osthaus gegründeten »Sonderbundes westdeutscher Kunstfreunde und Künstler«. Erste »Brücke«-Ausstellung im Folkwang-Museum Hagen.
1908	Kurzer Aufenthalt in Berlin. Im Sommer in Weimar und mit Karl Arp in Hetschburg. Rohlfs lernt durch Vermittlung seines Weimarer Freundes Felix Bahlmann, der zum Medizin-Studium von Weimar nach München wechselt, den Münchener Arzt und Kunstsammler Dr. Commerell kennen. Fahrten an die bayerischen Seen und ins Isartal. Erste Holzschnitte.
1909	Im Spätsommer in Weimar. Rohlfs wird Mitglied des Deutschen Werkbundes. Einzelausstellung im Folkwang-Museum sowie Beteiligung an der Sonderbund-Ausstellung in Düsseldorf und an der Schwarz-Weiß-Ausstellung der Berliner Sezession.
1910	Dr. Commerell lädt Rohlfs für zwei Jahre nach München ein. Er erhält ein Stipendium von 5000 Mark jährlich gegen Überlassung der dort entstehenden Bilder. Aufenthalte in Erling bei Andechs, Polling und Ehrwald bei Lermoos. Wohnung in

	München bei Bahlmann in der Reitmorstraße 14, später in der Adalbertstraße 55.
1911	Aufenthalt in Ehrwald und Polling. Herbst und Winter in München. Mitglied der Neuen Sezession, Berlin und des Hagener Folkwang-Bundes. Neben Landschaften entstehen in München neue Aktbilder auf Leinwand und in großformatigem Aquarell. An die Stelle der Ölmalerei tritt mehr und mehr die mit Tempera.
1912	München. Mit Karl Arp nach Ehrwald. Rückkehr nach Hagen.
1913	Erster Besuch im Sauerland im Landhaus Stryk des Rohlfs behandelnden Hagener Arztes Dr. Löhnberg. Kontakte zu der mit Osthaus bekannten Frau Christine Merkl in Hamm, einer frühen Rohlfs-Sammlerin. Sie ist eine Verwandte seiner späteren Frau Helene Vogt.
	Sonderausstellung im Kunstverein Hamburg.
1914	Der Kriegsausbruch erschüttert Rohlfs so tief, daß er für mehrere Monate seine Arbeit aufgibt. In den folgenden Jahren entstehen als Reaktion auf die bedrückenden Zeitereignisse eine Reihe von Gemälden und Drucken religiöser Thematik. Ordentliches Mitglied der »Freien Sezession« Berlin und Beteiligung an deren Ausstellungen.
1916	Sonderausstellung in Düren durch Vermittlung von Dr. Kaesbach, der sich nachdrücklich für Rohlfs einsetzt.
1917	Erneuter Aufenthalt im Landhaus Stryk sowie in Willingen und Brilon.
1918	Rohlfs lernt im Hause Merkl Helene Vogt kennen, die in Essen bei Metzendorf und Fischer ein Architektur-Praktikum absolvieren will. Rohlfs bittet sie, ihm als Sekretärin bei seiner Arbeit zu helfen.
	Ausstellung bei I. B. Neumann, Berlin, sowie im Kunstverein Frankfurt.
1919	Reise mit Helene Vogt nach Weimar. Anschließend im Oktober nach Erfurt auf Bitte des dortigen Bildhauers Hans Walter, einem Schwager des mit Rohlfs bekannten Hagener Sammlers Gustav Jung. Es entstehen zwei Porträts. Rohlfs lernt dort den Erfurter Museumsdirektor und späteren Reichskunstwart Dr. Redslob kennen.
	Im Dezember Heirat mit Helene Vogt im Hagener Folkwang-Museum. Erstes (und einziges) Selbstbildnis auf Anregung von Dr. Kaesbach, Nationalgalerie Berlin.

Im Atelier, 1925

Sonderausstellungen zum 70. Geburtstag in der Nationalgalerie Berlin, die er besucht, wie in der Kestner-Gesellschaft
Hannover und der Galerie A. Flechtheim in Düsseldorf.

1920   Reise in Begleitung seiner Frau nach Erling (Gasthof »Post«)
und im Spätsommer nach Mittenwald. Im Oktober Rückkehr
über München nach Hagen.
Sonderausstellung bei P. Cassirer in Berlin.

1921   Reise nach Erling, Dinkelsbühl und Rothenburg. Neben den
Gemälden entstehen fortan zunehmend großformatige Ar-
beiten mit Wassertempera auf Papier, die nun allmählich die
Gemälde ablösen.

Das Folkwang-Museum wird nach dem Tode von K. E. Ost-haus von Essener Bürgern erworben und mit den Beständen des Städtischen Museums zum Museum Folkwang Essen vereinigt. Rohlfs behält das alte Hagener Atelier.

1922   Verleihung des Dr. ing. e. h. der Technischen Hochschule Aachen. Reise zum Besuch des Bruders Hinnerk nach Fredesdorf. Holsteiner Skizzenbuch.

1923   Kuraufenthalt in Bad Sooden-Allendorf.

1924   Anläßlich des 75. Geburtstages Ehrenbürger der Stadt Hagen und Mitglied der Preußischen Akademie der Künste, Berlin. Erneuter Aufenthalt in Bad Sooden-Allendorf, anschließend auf Einladung des neuen Erfurter Museumsdirektors Dr. Kaesbach nach Erfurt, der ihn zu der Folge der Ansichten von Dom und St. Severi anregt.

1925   Verleihung des Dr. phil. h. c. der Universität Kiel. Außerordentliches Mitglied der Kunstakademie Düsseldorf. Weitere Ausstellung zum 75. Geburtstag in Berlin, Erfurt, Danzig und Kiel. Ostern in Berlin, kurzer Aufenthalt in Weißenfels und in Bad Salzungen. Erste Reise nach Misdroy. Rückreise über Berlin nach Hagen. Prof. Arnoldi von der Berliner Charité, der Rohlfs behandelt, rät dringend zu einem längeren Aufenthalt im Süden.

1926   Erneuter Aufenthalt in Misdroy und Berlin. Die letzten druckgraphischen Arbeiten entstehen. Künftig nur noch Übermalungen der zuvor entstandenen Drucke.

1927   Erste Reise nach Ascona im Schweizer Tessin. Dr. Löhnberg stellt die Verbindung zu Freunden her, denen das Castello von San Materno gehört und die Rohlfs einladen. Erste Wohnung in der Casa Lisibach.

1928   Kuraufenthalt in Bad Ems, anschließend nach Ascona. Bis zu seinem Tode verbringt Rohlfs fortan Frühjahr und Sommer in Ascona und den Winter im Hagener Atelier. Er mietet die Casa Margot des Schweizer Sängers Meili, die am Ufer des Lago Maggiore gelegen ist und auf deren Terrasse er arbeitet. Ehrungen zum 80. Geburtstag: Die Stadt Hagen schließt mit Rohlfs einen Vertrag auf Überlassung seiner Arbeiten und gründet das »Christian Rohlfs-Museum«. Zahlreiche Sonderausstellungen.

Im Garten der Casa Margot, um 1930

Casa Margot, um 1930

Christian Rohlfs und Tatjana Barbakoff, Ascona 1931

Am 85. Geburtstag, Hagen 1934

1930   Ausstellung im Schleswig-Holsteinischen Kunstverein Kiel.
1931   Eine der bekanntesten »Ausdruckstänzerinnen« ihrer Zeit, Tatjana Barbakoff, besucht Rohlfs in Ascona. Es entsteht der »Tatjana-Zyklus«.
1933   Eine Ausstellung der Galerie Vignon in Paris veranlaßt den Louvre zum Ankauf einer Arbeit von Rohlfs.
1936   Erstmals wird eine Ausstellung von Rohlfs in den USA, im Detroit Institute of Art, gezeigt.

1937	Rohlfs gilt als »entarteter« Künstler und wird aus der Preußischen Akademie der Künste ausgeschlossen. Er erhält Ausstellungsverbot.
	Seine Arbeiten werden aus den deutschen Museen entfernt, der größte Teil vernichtet.
	Am 9. Dezember letzte Rückkehr von Ascona nach Hagen.
	Letzte Ausstellung in der Galerie Ferdinand Moeller, Köln.
1938	Am 8. Januar stirbt Rohlfs im Hagener Atelier.
	Verkaufsverbot.
	Die Gedächtnis-Ausstellungen finden in Basel, Bern und Zürich statt.

Biographische Notizen

Die von Rohlfs verfaßten Texte wurden an einigen Stellen zum besseren Verständnis in Interpunktion und Grammatik redigiert.

Christian Rohlfs. Seine Jugend nach eigenen Erzählungen
aufgezeichnet von Frau Helene Rohlfs

Die Kate lag an einem kleinen Teich, einer Mergelgrube, von Birken und Erlen umstanden. Hier wuchs der Junge in größter Stille auf. Als er vier Jahre alt war, kaufte der Vater mit Hilfe des Bauern Johann Stolten, bei dem er bisher im Dienst gewesen war, einen kleinen Hof in Fredesdorf (4 Tonnen Land und 2 Tonnen Moor) südwestlich von Groß-Niendorf an der alten Heerstraße Segeberg – Hamburg, in der Nähe des größeren Dorfes Leezen. Rohlfs' früheste Kindheitserinnerung erzählte er mir so: Ich muß etwa zwei Jahre alt gewesen sein, ich trug noch ein Kleid, als ich allein vor dem Haus auf der Straße stand und plötzlich von hinten eine Schar Kühe auf mich zukam. Sie schienen mir so riesenhaft und viele, daß ich vor Angst nicht fähig war wegzulaufen. Als ich dann noch den Riesenkopf einer neugierigen Kuh mit den großen Augen ganz nah vor mir sah, warf ich mich vor Entsetzen auf den Boden. Ich weiß dann noch, daß meine Mutter mich umzog und tröstete.
In Fredesdorf hatte die Mutter außer ihrem Haushalt und dem Garten auch noch einen Kramladen. Sie muß eine tüchtige, kluge Frau gewesen sein, liebevoll zu den beiden Jungen. Sie konnte lesen und schreiben, was der Vater nie gelernt hatte. Rohlfs erzählte, daß sie ihm einmal als Kind einen Kopf im Halbprofil auf die Tafel gezeichnet hatte – »und es war ganz richtig gezeichnet, mit beiden Augen« – sagte er.
Der Vater war ein äußerst harter Mann. Er war schon mit 6 Jahren zu einem Bauern gekommen, um Geld zu verdienen (d. h. wahrscheinlich nur seinen Unterhalt). Am 7. 1. 1816 war er in Glückstadt geboren worden, wo sein Vater Unteroffizier in dänischen Diensten war. Er war der Älteste von 7 oder 8 Geschwistern. Der Vater verließ die Familie, und seine Frau lebte

mit den Kindern später in Mözen, einem Dorf nahe bei Segeberg im Armenhaus. Dorthin kam die Großmutter (R.'s Urgroßmutter) und brachte den Kindern im Herbst zur Freude Bickbeeren (Blaubeeren) mit.

Hinnerk, Rohlfs' Bruder, erzählte von ihrer Mutter: »Sie war ein vergnügter Mensch«, lachte gern mit den Jungen. Von seinem Vater berichteten er wie Rohlfs, daß sie nur Befehle von ihm hörten, daß er überhaupt sehr wortkarg war.

Die Mutter starb mit 69 Jahren, eine Lungenentzündung hat sie nicht überwunden.

Die Kinder mußten früh mitarbeiten, von 5–8 Uhr mußte Hinnerk vor der Schule dem Vater helfen, während der Jüngere nur im Sommer die Kühe zu hüten hatte. Es gab nur eine Winter-Schule im Dorf, im Sommer mußten alle Kinder helfen. Rohlfs erzählte, daß sie zuerst einen Schneider als Lehrer hatten, dann einen Unteroffizier; kurz bevor er krank wurde, kam ein richtiger Lehrer.

Hinnerk erzählte mir, daß Christian ein sehr lebhafter Junge gewesen sei, daß ihm kein Baum zu hoch war, daß er immer über das Gartentor gesprungen sei, »hei klettert as ne Katt«.

Rohlfs sprach gern von den Sommern seiner Kindheit, was er beobachtete bei den Vögeln, den Ameisen, den Wolken. Er bedauerte die Stadtkinder – was würde er heute sagen –, auf die immer neue Eindrücke einstürmen, die in den Entwicklungsjahren davon belastet werden. Dankbar sagte er von seiner Kinderzeit: »Die Seele hatte Zeit für ihre eigenen Betriebe.«

Als er größer wurde, hütete ein Nachbarsohn gleichzeitig, sie waren hauptsächlich auf dem Moor. Er erzählte, als die Rede von Moor-Kuren und -Bädern war, daß Hinrich Finnern, der Freund, und er das schon als Kinder erprobten, daß sie sich auszogen, in eine Torfgrube kletterten und sich gegenseitig mit dem nassen Moor bedeckten und sich von der Sonne trocknen ließen.

Natürlich gab es auch Kämpfe zwischen den Jungen der Nachbardörfer wie überall. Hier war es eine ständige Fehde zwischen den Fredesdorfern und den Todesfeldern.

Eines Tages, er war ungefähr 8 Jahre alt, kam ein großer, 12jähriger Todesfelder auf den kleinen Hütejungen zugelaufen in deutlich feindlicher Absicht. Rohlfs ergriff die Flucht vor dieser Übermacht, nach ein paar Schritten schießt vor seinen nackten Füßen eine Kreuzotter auf, sofort erweckt der Schreck seinen Zorn, er zieht sein vom Vater geerbtes Taschenmesser, das mit kurzem Bindfaden festgebunden war, aus der Tasche und rennt wütend auf seine Verfolger zu, der wirklich aufgab und ausriß. Er erzählte es mir lachend.

Als wir 1922 in Fredesdorf waren, erzählten die alten Dorfbewohner mit Bewunderung von Rohlfs' Vater, seiner großen Körperkraft, seiner Energie, Ausdauer und seinem Einfallsreichtum. Rohlfs zeigte mir nicht weit entfernt vom Hof eine Koppel, die aussah wie ein Tafelberg, ursprünglich sei sie eine sehr runde Hügelkuppel gewesen und sei deshalb von seinem Vater billig gekauft worden. Die Kuppe fiel mit ziemlich langem Hang zu einem Weg und zu anderen Feldern ab. Der Vater habe in einem Spätherbst und Winter mit Karre, Hacke und Schaufel allein die Kuppe abgetragen, so daß er ein viel größeres Feld bekommen hätte, das er bebauen konnte.

Die alten Leute erzählten auch, woran sich die Söhne erinnerten, daß der Vater einmal 2 Torfdiebe überraschte, sie packte und mit den Köpfen zusammenstieß. Das hatte böse Folgen für seinen Jüngsten, einer der Diebe traf ihn einmal allein draußen, packte ihn zwischen seine Knie und hämmerte auf seinen Kopf ein.

R.'s Vater starb am 2. Oktober 1902, er habe bis zuletzt dunkle Haare gehabt, berichtete Hinnerk.

Als Rohlfs 15 Jahre alt war, fiel er vom Apfelbaum und verletzte sich das Bein. Trotz der Schmerzen ging er weiter zweimal die Woche zum Konfirmanden-Unterricht nach Leezen, jedesmal ein Weg von fast zwei Stunden. Nach einiger Zeit mußte er sich mit Fieber legen, und nach einigen Wochen wurde der Arzt aus Segeberg geholt. Er wurde dann bald, um dem Arzt Dr. Stolle näher zu sein, zu der Schwester seines Vaters, Frau Winkelmann, in Klein-Niendorf bei Segeberg gebracht. Zwei Jahre lag er dort krank im Alkoven-Bett, nur ein kleines Fensterchen gab ihm den Blick auf den kleinen Dorfteich frei – eine schreckliche Zeit für einen lebhaften Jungen. Er las viel, die Bibel, Genoveva, Lederstrumpf. Er fing an zu zeichnen, was er las, angeregt durch Neuruppiner Bilderbogen. Schon auf dem Krankenlager bei den Eltern hatte er den »Burvogt« (Bürgermeister) gezeichnet, der mit dem Siruptopf an seinem Fenster vorbeiging – sein erstes lebendes Modell. Es existierte 1922 noch eine Zeichnung von ihm, ein Doppelporträt (Köpfe) des Nachbarn Tegen. 1922 sah ich noch 2 solcher Arbeiten beim Gastwirt Möller aus Leezen, sorgsam schraffiert gezeichnete Tierbilder. Lange Jahre später, etwa 1920/21, wurde ein Erlebnis aus jenen Tagen trostloser Abgeschiedenheit wieder wach. Paul Hindemith und Simon Goldberg waren abends nach einem Konzert des Amar-Quartetts bei uns, als R. etwas Sonderbares (vor diesen Musikern!) sagte: »Ihr wißt ja alle gar nicht, was Musik ist.« Wir sahen ihn betroffen an, und dann erzählte er, wie er zum erstenmal Instrumentalmusik hörte. Er lag schon fast zwei Jahre, als es im Dorf einen Ball gab. Die Musikanten, die von dem armen

Christian und Helene Rohlfs, 1920

Jungen wußten und ihm eine Freude machen wollten, kamen auf die Deele und spielten. »Da habe ich laut weinen müssen«, sagte er.
Wir alle können heute seine Erschütterung durch das elementare Erlebnis der bloßen Töne nicht mehr nachempfinden, wohl nur ahnen...

Fragmentarischer Entwurf von Christian Rohlfs zu einem Lebenslauf (Nachlaß K. E. Osthaus)

Dec 1849 Niendorf in Holstein
Durch Arzt Dr. Stolle veranlaßt zu malen. Mit Empfehlung Th. Storms an Pietsch, der mich nach Weimar schickte. An seinen Bekannten H. v. Blomberg, Dichter u. Maler empfohlen, in dessen Haus ich lange verkehrte. Er starb bald.
Herbst 70 kam ich auf die Kunstschule in Weimar – Der Unterricht an derselben war besser als an den meisten andern Schulen, welche damals in Zopf u. Pedanterie versunken waren.

In Weimar ist immer ein massvoller Realismus zu Hause gewesen – Man wurde angehalten zu einer guten sorgfältigen Zeichnung. Malen aber konnte damals niemand, das mußte später erst wieder entdeckt werden. Einige Jahre darauf kamen A. Struys u. W. Linnig aus Belgien an und brachten coloristische Anregungen mit – sie blieben nur 3 Jahre dort. Ich habe schon bald die Figurenmalerei aufgegeben und Landschaft angefangen. Von da an ging ich meinen eigenen Weg. In Weimar schlief auch allmählich Alles ein. Nur wenige waren da, ein paar Namen, die noch irgend etwas wollten. Als nun aber gar ein Dilettant mit der Leitung der Schule betraut wurde, fing sie an, dem Fluch der Lächerlichkeit zu verfallen. Es ist leicht, unter solchen Verhältnissen unterzugehen, zumal Einer, der nicht Nachtreter von irgend Einem ist, meistens von allen Seiten verlassen ist. Ich habe meine Naturanschauung im Wesentlichen beibehalten, aber versucht immer mehr Unabhängigkeit meinem Objekt gegenüber zu gewinnen. Die neueren Franzosen haben mich im Technischen stark beeinflusst . . .

Entwurf zu einem Lebenslauf, Datum unbekannt

Als ich mit dem ersten Schuljahr eine Schiefertafel bekam, fing ich auch an mit allerlei Gekritzel und mit Versuchen, das wiederzugeben was ich um mich herum bemerkte. Aber nur im Winter während der Schule. Im Sommer zog ich mit meinen zwei Kühen ins Feld. So ging es bis zum Jahr wo ich konfirmiert werden sollte. In diesem Winter bekam ich ein krankes Bein. Als die Schmerzen nachliessen, fing ich wieder an zu zeichnen.
Der Arzt[1], interessiert, verschaffte Vorlagen. Er veranlaßte meinen Vater

mich Maler werden zu lassen. Ich wurde, da ich gar keine Schulkenntnisse hatte, nach Segeberg auf die Realschule geschickt, wo ich zwei Jahre verblieb.

Ein Verwandter meines Arztes, Theodor Storm, empfahl mich an L. Pietsch, ein sehr bekannter Mitarbeiter der Vossischen Zeitung. Pietsch riet mir, nach Weimar zu gehen, wo soeben eine Kunstschule gegründet worden war. Empfehlungsbriefe an Herrn Blomberg, Maler und Direktor, an den Grafen Kalckreuth, die mich sehr liebenswürdig aufnahmen. Bein wurde wieder schlimmer, musste nach Hause, nach 3 Jahren Amputation. Dann im Herbst 74 wieder in Weimar. Dann rasch durch die Malklasse (Prof. Struys) und ich bekam ein Atelier.

Winter 69/70 bis Sommer war ich in der Zeichenklasse unter Paul Thumann, dann war ich längere Zeit in der Universitätsklinik Jena... Herbst 74 wieder zurück, kurze Zeit Zeichnen bei Gussow, dann Malklasse, Lehrer zunächst Prof. Schauss, später A. Struys.

Ein Kunstschriftsteller Heilbut hatte drei kleine französische Bilder in Weimar ausgestellt. Sie machten grosses Aufsehen wegen ihrer Farbigkeit und Fleckentechnik. Letztere hatte ich auch, wenn auch nicht so kühn und ausgesprochen, aber die helle Farbigkeit war mir völlig neu.

Abends zwei Stunden Aktzeichnen – auch noch Anatomie, Perspective und Kunstgeschichte.

...Von da an malte ich draussen in der Umgebung Weimars vor der Natur, bis ich nach Hagen zu Osthaus kam. In dieser langen Zeit fand ich immer einzelne Förderer, die etwas zu verkaufen suchten, aber die weiteren Kreise waren zurückhaltend. Einmal kam ein Berliner Kunsthändler und suchte sich 12 Arbeiten aus, hat wohl keinen grossen Erfolg damit gehabt, kam nie wieder. Die »Permanente«[2] in Weimar nahm sich meiner an. Aber schliesslich wurde auch sie müde, sagte, ich müsste dem Publikum etwas entgegenkommen.

In Berlin bei dem Componisten Bischoff, der mich bei sich aufnahm, aber auch kein Erfolg. Es waren manchmal schlimme Zeiten, aber fort von Weimar konnte ich nicht, dort hatte ich wenigstens ein Freiatelier vom Grossherzog und bei Seidel in Ehringsdorf Kredit für Mittagessen. Erst von Hagen aus konnte ich meine Schuld bezahlen (7–800 M).

...und sonst gute Freunde: Blombergs, Behrens auch ein junger Holländer Bahlmann. Bahlmann hat viel für mich getan, ging aber früh von Weimar weg nach München, wo er studierte. Hat mich auch einmal nach München kommen lassen. Später, 1910–1912 veranlasste er seinen Freund Commerell mich zu engagieren gegen ein gutes Jahresgehalt, für ihn zu arbeiten zwei Jahre lang.

...wurde van de Velde[3] auf mich aufmerksam und empfahl mich Osthaus, dem jungen Sammler in Hagen. Ich kam und konnte einmal aufatmen. Hier sah ich die beste französische Kunst, japanische und chinesische. Ich versuchte Alles, Im- und Expressionismus, Pointillismus, Stickerei. Ich sollte eine Malschule leiten, aber dazu bin ich wohl wenig geeignet, auch bestand immer eine Opposition gegen Osthaus' Bestrebungen. In der Familie Osthaus habe ich mich immer wohl gefühlt. Dass es einmal einen kleinen Krach gab, hatte nichts zu bedeuten. Frau Osthaus brachte später alles wieder ins Geleise. Einen Contrakt gab es nicht. ...Den leichten Sinn und die Lust zu fabulieren habe ich von der Mutter...

1   Dr. Stolle, Schwager von Th. Storm
2   Ständige Weimarer Kunstausstellung
3   Henry van de Velde, bedeutender belgischer Architekt, der für K. E. Osthaus das Hagener Folkwang-Museum innen in Jugendstil umbaute

Aus Briefen von Christian Rohlfs

1901 – 1904

An K. E. Osthaus

Timmdorf 7. Juli 1901
. . . Hier ist bis jetzt immer schönes Wetter, aber häufig starker Wind. In diesem letzten Falle begeben wir uns ins Innere eines Hauses, Kathe oder Scheune mit geheimnisvollen in Dunkelheit versenkten Räumen, wo man die Reihen der Mettwürste und Speckseiten nur bemerkt, weil man weiss, dass sie da sind. Es sind schöne Sachen hier. Herrliche alte Bauernmöbel. Herrliche alte Buchenwälder, jenseits des Sees hin würde im Herbst wunderbar sein, leider etwas unbequem zu erreichen. Ein Hof mit Schweinen. Den will ich aber doch versuchen, 6–8 alte Säue mit Ferkeln, Tiere sind famos.

*An Prof. Hans Olde, Direktor der Weimarer Akademie
anläßlich der Verleihung des Titels »Professor«*

Hagen i. W. d. 24. Dezember 1902
Das Dekret ist gestern Mittag zu meiner grossen und freudigen Überraschung in meine Hände gelangt. Die liebenswürdigen Worte, die Sie bei dieser Gelegenheit an mich richten, haben mich tief erfreut und ich spreche Ihnen meinen herzlichsten Dank aus. Osthaus' haben sich auch sehr gefreut, ich glaube, sie amüsierten sich noch lange über meine verdutzte Miene. Wir hoffen insbesondere, dass der »Professor« uns bei der inneren Kunst- und Missionsarbeit hier in Hagen gute Dienste leisten soll. Denn eine Anerkennung von höchster Seite zieht beim hiesigen Publikum wie nichts Anderes.

    Gern wüsste ich den ersten Veranlasser meiner Ernennung, wenn, wie Frau Osthaus meint, Sie es sind, so nehmen Sie auch dafür herzlichsten Dank.

An Hans Olde

Hagen i. W. Folkwang d. 26. Januar 1904
... hier in Hagen habe ich mit meiner Kunstanschauungsweise Fiasko gemacht. Die Malschule ist fast eingegangen. Das Publikum, wenn es Bilder kauft, was selten der Fall ist, so wendet es sich nach Düsseldorf. Herr Osthaus selbst (im Vertrauen gesagt) hat mir auch nur für 450 M abgekauft; bedenkt man dabei die theuren Lebensverhältnisse hier, und vom Museum abgesehen das ganz unkünstlerische Klima, so werden Sie es verstehen, dass ich zu dem Entschluss gekommen bin, meine hiesige Stellung aufzugeben und dauernd nach Weimar zurückzukehren. Osthaus u. Frau sind immer äusserst liebenswürdig zu mir, aber ich glaube, sie mögen meine Malerei nicht recht...

An Felix Bahlmann

Hagen 18. Januar 1903
... zu Weihnachten bin ich Weimarischer Professor h. c. geworden, hättest Du auch nicht gedacht. Sollte ich meine ölfarbigen Ideen bereits alle verausgabt haben? Ich will es nicht hoffen...

An Felix Bahlmann

Weimar 2. November 1904
... im Museum eine Masse neues und Gutes, und das Beste, wie Du auch schreibst, das Malaienmädchen von Gauguin. Es überragt für mich weit seine anderen Sachen alle. Feuerbach ist auch sehr gut als Idee, Conception, aber weniger gut für ein fein empfindendes Auge. Auf dem Kirchhof steht jetzt ein Grabdenkmal von Minne, packend, vielleicht ein wenig bizarr, und allem Hergebrachten ins Gesicht schlagend, ein Schimpf-Object für den Mob. Heute wurde ein Thoma ausgepackt, ein braves, langweiliges Bild. Von Stuttgartern »Modernen« sind hier Sachen ausgestellt, zum Sterben krank, ungesund affectirt, ohne jede künstlerische Wärme. Der Mann malt nur im Atelier seine Eindrücke. Man sollte diese gepinselten Eindrücke auf einen großen Haufen zusammenstapeln, die Herren Autoren resp. Verbrecher oben auf, mit Petroleum übergiessen und anzünden...

An Felix Bahlmann

Hagen 16. Dezember 1904
... Von der Monats-Kunstzeitung »Rheinland« wird eine Folkwang-Nummer hergestellt mit ca. 40 Abbildungen aus dem Museum und nach Weiss' und meinen Bildern. O (Osthaus) schreibt Monographie. Im Rheinland und Westfalen ist sie ziemlich verbreitet. ... Die Cassirersche Zeitschrift wäre natürlich viel effektvoller gewesen, wenn wir die hätten haben können. In dieser stand in der letzten Nummer eine gute Bemerkung über mich, nämlich »Es wäre Zeit, mir Gerechtigkeit widerfahren zu lassen«. Dieses Wort ist hier schon wirksam, aber es ist ja traurig und lächerlich zugleich, dass die meisten Leute erst nach fremden Urteil sich das Ihrige bilden ...

Briefe 1905 – 1908

An K. E. Osthaus

Soest i. W. 10. Oktober 1905
Entschuldigen Sie dass ich noch nicht schrieb, obgleich ich annehmen konnte, dass Sie bereits aus der Sommerfrische zurückgekommen seien. Ich bin hiergeblieben und nicht nach W (Weimar) gefahren. Hier sind soviel schöne Sachen dass man überhaupt nicht fertig wird, man kann Jahre arbeiten. Schade dass Sie die Soester Altertümer-Ausstellung nicht gesehen haben. Man hatte da eine Unmasse von Sachen zusammengetragen und es war viel Schönes darunter. Das Beste allerdings nicht verkäuflich. Es ist erstaunlich was hier in der Stadt und in der Umgegend alles steckt. Ich selbst habe auch schon Einiges was mir viel Vergnügen macht. Gemalt habe ich nicht besonders viel mehr gezeichnet und noch mehr in den Gassen und Winkeln Kirchen u. Häusern herumgegangen und gekuckt. Das Leben u. die Leute sind nett u. gemütlich etwas spiesserlich aber natürlich u. menschlich. Wunderschön ist es Abends namentlich bei Mondschein durch die Gassen zu gehen da kann man sich um einige Jahrhunderte zurückversetzt glauben.

An Dr. Kaesbach

Soest 11. Mai 1906
...hier in Soest sitzen wir nun schon seit 8 Tagen mit eitel Sonnenschein und Blütenbäumen. Abends aber damit nichts an diesem schönen ländlichen Bilde fehlt hörten wir das Conzert der Frösche bis tief in die Nacht hinein. Es muss als Ersatz für die Nachtigall gelten die auch hier immer seltener wird. Ich wohne in einem schönen alten Hause mit einem grossen Garten wovon ein Teil Obstgarten der andere in rechtwinklige Beete mit Buchsbaumreihen eingefasst, eingeteilt ist. Da giebt es nun tausend interessante Dinge zu sehen und zu bewundern. Wir staunen wie die Kartoffeln in einer Nacht gross geworden sind oder wie die Kirschbäume so unbegreiflich reich angesetzt haben oder wie dick der Peter der schwarze Kater geworden ist dessen Bauch schon an der Erde schleift. Heute und morgen versammeln sich hier die Bürgermeister Westfalens und gleich ist das Wetter trübe geworden, ich kann nicht sagen ob da ein ursächlicher Zusammenhang nachzuweisen ist.

An Frau Osthaus

Soest d. 8. Juli 1906
...Unser Garten ist herrlich voll von Blumen und anderen schönen realeren Dingen. Erdbeeren über 70 Pfund die erst aesthetisch angeschwärmt und dann gegessen worden sind. Die Kirschen müssen wir mit den Drosseln und Spatzen teilen die den ganzen Tag in den Bäumen sitzen und die grössere Hälfte für sich beanspruchen. Aber für uns bleibt auch noch genug übrig. Wie schön ist doch ein Garten am Haus.
...Heller Sonnentag und dann sehen die Kirchen im Inneren am schönsten aus. Die Patroklikirche soll inwendig erneuert werden und da wenig Geld da ist so muss es billig gemacht werden. Irgendeine Dummheit müssen die Leute ins Werk setzen. Gegen die Freitreppe wird räsoniert. Der Wall soll nach und nach niedergelegt werden weil sie Verkehr und Entwicklung hemmen. Nun zum Glück bleibt es meistens beim reden. Nur beim Häuseranstreichen sind sie fix bei der Hand. An jeder schönen alten Fassade hängt ein Individuum mit einem grossen Quast, und alles wird in »Bürgermeisterfarbe« angestrichen. Das ist hellgelb für das Fachwerk und gelbrötlich für die Balken...

An K. E. Osthaus

Weimar 13. Juli 1908

. . . Ich hörte, dass Sie in diesen Tagen in München wären und hatte gehofft, Sie dort zu treffen aber nun sagte man Sie würden bereits wieder fort sein. Am Donnerstag fahre ich auch auf 14 Tage dorthin und hoffe vieles zu sehen und vieles zu lernen und mich auch ein wenig zu amüsieren. Mit Liefke* war ich in Berlin es war sehr schön. Leider war die assyrische Abteilung, worauf ich es besonders abgesehen hatte, nicht zugänglich. Die aegyptische aber hat uns lange festgehalten eine ungeheuer interessante Sammlung.

In der Secession waren gute Sachen auch herzlich schlechte. Von den Berliner »Nummern« hatte eigentlich nur Liebermann 2 gute Portraits da. Sehr schön ein Herrenportrait von Munch. Kaesbach habe ich auch gesehen, er zeigte mir die beiden Elitezimmer mit dem herrlichen Renoir: die Kinderstube oder wie das Bild heisst. Auch die Courbets sind schön, sie haben mein Urteil über ihn geändert. Ganz besonders aber haben mir die 6 – 8 Sachen v. de Maree unten am Eingang gefallen sie sind wirklich herrlich. Sie hängen mit Feuerbach zusammen was ein baarer Unsinn ist, dieser geht völlig caput dabei. Ausser diesen haben wir in der Nationalgallerie nichts mehr gesehen mit dem Marees – Hochgefühl haben wir die Kunststätte verlassen. Was wir in Berlin sonst gesehen und genossen, liegt nicht mehr auf dem Kunstgebiet. Liefke kennt die guten Weinlocale und Eisbeinkeller und das ist auch was wert. Von Kaesbach soll ich herzlichst grüssen. Er klagt dass sich schlimme Tendenzen bemerkbar machen etc. In München bleibe ich 14 Tage, mein Mäzen. . . . kommt auch dahin wo bleibt die Zeit zum Sticken? Wenn das Hofbräuhaus nur nicht ein Nagel zu meinem Sarge wird.

* Liefke, ein mit Rohlfs seit Weimar bekannter Maler

München 1910/12

An Frau Osthaus

Polling 17. Mai 1910
...die mohamedanische Ausstellung habe ich vorgestern besehen, d.h.
nur einen Teil. Am meisten haben mich die Miniaturen gefesselt, ich werde
sie hoffentlich später noch eingehender in Augenschein nehmen können.
Ich bin lange da oben geblieben vor dem Künstlerkaffee sass dichtge-
drängt ein interessantes Publikum. Hochfeine Herren und Damen von
überirdischer Eleganz und Schick. Hier war Natur, die die Kunst nachahmt
(O. Wilde). Sonst habe ich in München ausser der Manet-Ausstellung keine
Kunstgenüsse gehabt. ... Heute kommen die Malutensilien und morgen
will ich zu malen anfangen. Wie ich mich mit der Natur abfinden werde
weiss ich noch nicht. Das Richtigste ist es wohl sie zu kennen und zu ver-
achten so wie die Perspektive in der Anatomie...

An Felix Bahlmann

Polling 20. Juni 1910
...Mir gehts sehr gut, persönlich wie auch künstlerisch. Ich hoffe ich bin
jetzt wieder ins Handwerk hineingekommen und zwar zunächst im Aquarell.
   Ich habe auch eine gute Ecke zum Malen gefunden in der Richtung nach
Huglfingen, es ist leider etwas weit zu laufen. Bis zum 15. Juli werde ich
wohl noch hierbleiben, bis dahin habe ich hoffentlich etwas Gescheites
gefunden. Was ich suche ist: gute Vordergründe. Vordergründe machen
das Bild. Das ist eine alte malerische Regel. Mit Aussicht, Gegend und
Alpen ist nicht viel anzufangen. Es sind auch meist Dilettanten, die sich
mit solchen Dingen befassen.. Wenn Du mir einen grossen Gefallen tun
willst, so sieh mal zu ob Du mir 5–6 Linoleumstücke verschaffen kannst.
Stücke so von 40 × 60 cm , auch kleiner, einfarbig. Sie sollen zum Holz-
schnitt dienen. Ich habe schon auf Cigarrenholzbrettern geschnitten, die
sind aber zu klein und das Holz ist auch splittrig...

An Herrn Kuth (Assistent von K. E. Osthaus)

Erling 3. September 1910
... Ich bin jetzt nach Erling am Ammersee gezogen wo es herrlichen Wald giebt mit schönem hügeligen Terrain und hoffe auf besseres Wetter, leider ist es bis jetzt noch andauernd schlecht. Eine Anzahl Holzschnitte habe ich gemacht die b. Thannhauser mit ausgestellt werden sollen. Andechs ist ein grosses altes Kloster mit Kirche Bierbrauerei landwirtschaftlichen Gebäuden auf einem steilen Hügel eng zusammengedrängt. Brüder (Benediktiner) bedienen, es wird nur aus Maaskrügen getrunken herrlich!!

An Frau Osthaus

München 2. Dezember 1910
... Ich bin seit 14 Tagen hier, wäre noch gern in Erling geblieben. Aber das kalte Wetter liess es nicht mehr zu. Mein Atelier habe ich bei einem Maler Roloff gefunden. Es ist sehr gut, auch geräumig für meine vielen Sachen in ruhiger Gegend. Adalbartstr. 55 II r. Die Vermieter sind junge Eheleute, sie und auch das Mädchen Schwedinnen. Es kostet 40 M mit Bedienung ...

An Frau Osthaus

München 25. April 1911
... In der Frühjahrs-Sezession habe ich 3 Bilder gehabt und eine gute Note bekommen. Als Münchener wird man auch besser behandelt. Die Ausstellung war abgesehen von den Zeichnungen Hodlers mittelmässig. Münchnerisch raffiniert. Die Kunstentwicklung hier ist mies wenn überhaupt eine da ist. Die alte Leier: die Jungen sofern sie was taugen werden von den Alten unterdrückt. Presse und Publikum ist naturgemäss reaktionär. Was sagen Sie zu der Bewegung gegen die französische Kunst?

An Frau Osthaus

8. Juni 1911
... ich will nun einige Zeit nach Leermoos ziehen und zeichnen. L. liegt in einem kleinen runden Tal. Vor sich hat man die Zugspitze, an der entge-

gengesetzten Seite kommt man zum Fernpass, märchenhaft, wie Weiss sagen würde.

...Sie wundern sich, dass ich in Leermoos blos zeichnen will? Ich bin mit dem Naturalismus wieder zu Ende und stilisiere dass sich die Balken biegen. Deshalb will ich von der Natur auch gar keine Bilder malen sondern mir blos Material verschaffen. Dieses aber dann im Atelier mit Phantasie und Geisteskraft zu herrlichen Kunstgebilden umarbeiten. So ist mein Plan, ob er gelingt? Ich will auch die Ölfarbe aufgeben, es ist ein zu widerspenstiges Material. Am schönsten ist die Leimfarbe, leider hat sie starke Nachteile, so werde ich dann wohl Tempera nehmen müssen...

An Frau Osthaus

Ehrwald bei Leermoos 12. August 1911
...an der Spitze Ihres Briefes stehen die Stilfragen »Wie steht es damit? Gelingt es? Sind Sie zufrieden? Wie schwer ist es, hierauf eine Antwort zu finden. Man geht doch immer mit verbundenen Augen. Nach längerer Zeit bekommt man vielleicht die richtige Distanz zum kritischen Betrachten. Nach der Natur male ich nicht. Die Tagesstimmungen reizen mich nicht besonders. Aber abends, nachts werden die Berge schön. Nach allen vier Himmelsrichtungen steht ein Musterexemplar. DerWetterstein ist morgens herrlich, blau-grün wenn die streifigen Sonnenstrahlen vor ihm herniedergehen, auch abends im Alpenglühen. Ein anderer Berg, der Daniel, steht im Westen und wird bei Sonnenuntergang in Linie und Farbe unglaublich schön. Die 3. Gruppe ist die Sonnenspitze mit dem Wampeter, schön in der Form, ohne besonders in der Beleuchtung zu erscheinen...

An Frau Osthaus

Ehrwald 6. November 1911
...ich habe diesmal Vieles gebracht. Vom Realistischen bis zum Geometrisch-Ornamentalen. Die letzteren werden mir aber wohl den Hals brechen...

An den Maler W. Bötticher

Ehrwald 26. Oktober 1911
... Ich male im Zimmer, was man früher verächtlich aus dem Bauch malen nannte und versuche alles Mögliche, vom Realismus loszukommen. Bei dieser Gelegenheit möchte ich Sie auf ein Buch aufmerksam machen falls Sie es noch nicht kennen. Es heisst W. Worringer, Abstraktion und Einfühlung, Verlag Pieper u Co München 3 M. Ich glaube, es wird Ihnen gefallen. Mich hat es revolutioniert ...

An Frau Osthaus

München 26. November 1911
... Dass ein Kunstwerk Persönlichkeit hat, das ist die einzige Forderung die Berechtigung hat. Alles andere sind Professoren-Regeln, beengen den Künstler und führen ihn manchmal in völlige Verwirrung. Damit habe ich nicht bestritten, dass man stilisieren kann, im Gegenteil, wo es hingehört, muss es wie in der Stickerei z. B. Hier ist das Material so spröde, dass man auf Coloristic völlig verzichten muss und sich mit ornamentalen Farben und Harmonien begnügen ...

An Frau Osthaus

München 31. Dezember 1911
... meine Lektüre war im letzten halben Jahr kunstwissenschaftlich und zwar habe ich einen Schriftsteller gelesen, worauf ich schon früher aufmerksam gemacht worden war: W. Worringer. Sie kennen ihn sicher. Wenn nicht, sollten Sie sich mit ihm bekannt machen. Ich kenne von seinen Werken zwei: »Abstraktion und Einfühlung« und »Formprobleme der Gothik«.Ich habe sie immer von Neuem vorgenommen, denn es sind Bücher womit man nicht so schnell fertig wird. Sie sind bei R. Piper, München erschienen ...

Briefe nach 1914

An Dr. Kaesbach

2. November 1914
... Ich muss versuchen einmal Alles wieder zusammen zu bekommen, um so mehr als die Neuproduktion gleich Null ist. Die Zeitereignisse sind so ungeheuer dass sie alles erdrücken und erst der Friede kann die Ruhe und Sammlung wiederbringen. Leider habe ich Ihre kleine Arbeit* noch nicht gemacht. Es schien mir unmöglich jetzt an die kleinen Nichtigkeiten des eigenen Lebens zu denken wo Völker und Länder zerschlagen werden ...

* Selbstbildnis, 1918 fertiggestellt (Kat. 74)

An Dr. Kaesbach

10. Februar 1915
... Haben Sie angestrengten Dienst? Sicherlich. Ich könnte das nicht machen soviel Jammer u. Elend jeden Tag vor Augen. – Kirchner war neulich hier auch feldgrau er concurrierte zum Eisernen Schmied hier. Es gab wieder einen kleinen Kunstkrach wegen des Schmieds. Leider findet die junge Kunst verstärkte Hindernisse. Die Jungen fallen zum Teil und die Alten bleiben.

An Dr. Kaesbach

25. Juli 1917
... Mit dem Selbstporträt werde ich wohl in 14 Tagen beginnen können wenn meine Farben angekommen sind. Ich habe welche bestellt und auch neuen Firniss. Den letzten Firniss habe ich 1 Liter mit rund 100 M bezahlt Das geht noch über den Kaffe, aber man muss ihn haben.

Hagen Museum d. 13 Sept. 16

Sehrgeehrter Herr Doktor.

Es ist sehr liebenswürdig
von Ihnen dass Sie den Kampf
für das Bild fortsetzen
wollen. Mit Vergnügen
lasse ich es Ihnen gern auf
ein halbes Jahr zur Verfügung
die andern drei also zurück
Indem ich Ihnen herzlichst
danke bin ich

Ihr sehr ergebener

Chr. Rohlfs

An Dr. Kaesbach

28. September 1917
...Das Porträt* fange ich in den nächsten Tagen an wenn Meyer zurück-
kommt u. ich einen Spiegel bekommen kann. Firniss habe ich mir dafür
aufgespaart...

* Selbstbildnis 1918 (Kat. 74)

An einen Kunsthistoriker

(Erling Oktober 1921)
Sehr geehrter Herr Doktor!
Sie wünschen eine kleine Darstellung des Entwicklungsganges meiner
Kunstbestrebungen, ich bitte um Verzeihung, dass ich Sie Ihnen nicht
geben kann. Die vielen schlimmen Auslassungen über Kunst von (selbst
bedeutenden) Künstlern möchte ich nicht noch um eine von mir vermeh-
ren. Das Kunstschaffen geschieht aus innerstem Instinkt, und wer wollte
es unternehmen, diesen zu erklären. Der Verstand hat nur die Rolle des
Hausknechts, d.h. diejenigen Gäste hinauszuwerfen, die sich allzu laut
und ungebührlich benehmen. Bei der Betrachtung des Kunstwerks ist es
genau so, und alle Erklärungen sind überflüssig, ja irreführend, da das
Wesentliche doch nicht erklärt wird.

An Dr. Kaesbach

Fredesdorf Post Todesfelde 8. August 1922
...Wir bleiben einstweilen noch hier. Die Landschaft ist zwar scheusslich,
das Wetter aber auch und so ist es ja gleich. Ich wollte mich auf die Tiere
legen Pferde, Kühe, Gänse u. Hühner, weiss nicht was daraus wird. Orts-
veränderung kostet zuviel Zeit. Macht sich ohnehin nicht, denn meine
Frau hat eine Knieverletzung und muss äusserste Ruhe haben. Für die
Ergänzung des v. d. Brieleschen Katalogs ist die Zeit wohl zu ungünstig.
Niemand hat Geld, weder es zu machen noch es zu kaufen. Ich denke,
endlich müssen die politischen Krakeleien doch aufhören und die Wirt-
schaftsverhältnisse etwas gesünder werden. Dann könnte man Ihren Plan
näher überdenken. Hier strotzt alles von Gesundheit die Pferde die Kühe
die Menschen. Nicht am Wenigsten mein Bruder Hinnerk. Gestern kam er
ganz durchnässt nach Hause. Umziehen wollte er sich nicht, er sagte: das

282

trocknet von selbst wieder. Beim Torfringeln kniet er den ganzen Tag auf dem mitunter kalten feuchten Boden – macht ihm nichts. Was sind wir für arme Hascherln dagegen wir Stadtleute mit unserem ewigen Schnupfen und Rheumatismus.

Für die Kirche in Todesfelde soll ich ein grosses Stiftungsbild für die Gefallenen malen*. Ich freue mich darauf und male es. Wenn die Sache am Preis oder am Geschmack der Bauern scheitern sollte, behalte ich eben das Bild . . .

* Ecce Homo 1922 Wv. 671 Museum Folkwang Essen (Kat. 75)

»Entartete Kunst«

Preussische Akademie der Künste
Berlin W 1, den 2. August 1937
Nr. 651
Vertraulich

Sehr geehrter Herr Professor!
Die bereits eingeleitete Neuordnung der Akademie der Künste erstreckt sich auch auf eine Neuzusammensetzung der Mitgliedschaft der Akademie. Da nach den mir zuteil gewordenen Informationen nicht zu erwarten ist, dass Sie künftig weiter zu den Mitgliedern der Akademie zählen werden, möchte ich Ihnen in Ihrem Interesse nahelegen, sofort selbst Ihren Austritt aus der Akademie zu erklären.
Der Präsident
In Vertretung
Dr. Georg Schumann

Telegramm vom 11. 8. 1937
Erbitten gefälligst sofortigen Telegrammbescheid auf Schreiben vom 2. August.
Akademie der Künste

An den Präsidenten der Preussischen Akademie der Künste Berlin

Ascona den 14. August 1937
Ich bestätige den Empfang Ihres Schreibens vom 2. 8. und Ihrer Drahtung vom 11. 8. In Ihrem Schreiben fordern Sie mich zum sofortigen Austritt aus der Akademie auf – in Ihrer Drahtung erbitten Sie »gefälligst sofortigen Telegrammbescheid«. Hierzu bemerke ich: Ich habe mich nie um Ehrungen bemüht und nie auf solche Wert gelegt, ich bin als Künstler 70 Jahre meinen eigenen Weg gegangen und habe gearbeitet, ohne zu fragen, wieviel Beifall oder Missfallen ich dabei erntete. Zustimmung oder Ablehnung, Ehrung oder Nichtehrung machen mein Werk weder besser noch schlechter, ich überlasse das Urteil darüber der Zukunft. Gefällt ihnen mein Werk nicht, so steht es Ihnen frei, mich aus der Mitgliederliste der Akademie zu streichen. Ich werde aber nichts tun, was als Eingeständnis eigener Unwürdigkeit gedeutet werden könnte.
Professor Christian Rohlfs

Frau Helene Rohlfs über die Ereignisse im Herbst 1937

Im Herbst 1937 rief mein Berliner Bruder in Ascona bei uns an, die Razzien würden sich auch auf die einzelnen Ateliers erstrecken. Er riet mir, die Bilder für die in Basel geplante grosse Ausstellung mit Werken aus CR's ganzem Leben schon jetzt in die Schweiz zu schicken. Ich fuhr also nach Hause, nach Hagen, und war mit dem Problem konfrontiert, wie ich die Bilder ohne Aufsehen wegschaffen konnte. Die Schwierigkeit war, dass wir in einem städtischen Gebäude wohnten, dem früheren Folkwang-Museum, also unter direkter Aufsicht der Nazi-Stadtverwaltung.

Was sollte ich tun? In meiner Sorge wandte ich mich an unseren Freund in Wuppertal, Werner Sehlbach, der Maler und Fabrikant war. Er kam am gleichen Abend und versprach mir, einen Lastwagen seiner Firma zu schicken, der die Bilder nach Wuppertal bringen sollte, von wo aus sie unter seinem Namen in die Schweiz gehen sollten. Ich bereitete also Alles vor: Kisten, Mappen, Listen. Abends kam wirklich der Wagen, hielt in der kleinen Gasse an unserem Privateingang. Ich schleppte mit dem älteren Fahrer die Arbeiten aus dem Atelier, der Wohnung und dem Keller in den Wagen und fuhr zum Elberfelder Museum, wo das getreue Ehepaar Sinz (Hausmeister) uns erwartete. Im Kohlenkeller packten wir drei Nächte lang. Auch dort mussten wir alles Aufsehen vor dem Museumspersonal vermeiden. Dabei geschah in der 2. Nacht etwas Unvorhergesehenes: Frau Sinz kam in grösster Eile zu uns die Diensttreppe herunter: die Kommission ist da! Sinz ging die grosse Treppe hinauf, er musste ja bei der Beschlagnahme dabei sein. Ich benutzte die Diensttreppe und kam von dort gleich in den Saal, wo links von der Tür, durch die ich kam, ein wunderschöner, schmalformatiger Franz Marc hing. Ein paar Schritte davon der von mir sehr geliebte grosse Rohlfs »Tor in Dinkelsbühl«. Im Nebenraum hörte ich die Kommission sprechen, konnte aber noch beide Bilder abnehmen und auf den Treppenabsatz stellen, bevor sie in den Raum kam. Die Kommission bestand aus Graf Baudissin* mit seinem »Gefolge«. Ich hörte jemanden fragen: da hat doch etwas gehangen?. Und Sinz ganz ruhig antworten: »die sind gerade beim Rahmer.«

Gottlob gab es darauf keine weitere Reaktion. Ich hätte sie auch nicht mehr gehört, weil ich die Bilder die Treppe herunter brachte. Unter dem Namen Werner Sehlbach gingen dann die Kisten nach Basel zum Museum. Ich selbst im Nachtzug auch dorthin, wo ich im Museum die Situation erklären konnte und alle sich freuten, dass wir Glück gehabt hatten.

Diese Ausstellung wurde im Januar 1938 die erste Gedächtnisausstellung für Christian Rohlfs, die mit der nachfolgenden Ausstellung in Bern zur einzigen Gedächtnisausstellung für Rohlfs wurde, dessen Name in Deutschland nicht einmal erwähnt werden durfte.

* Dr. Graf Baudissin, nach 1933 durch die nationalsozialistische Stadtverwaltung eingesetzter Direktor des Museums Folkwang Essen, der zur Durchführung der Beschlagnahmen nach Berlin berufen worden war.

Ausstellungsverzeichnis

Einzelausstellungen

1889
Permanente, Weimar

1910
Karlsplatzmuseum Weimar
(Großherzogliches Museum für Kunst
und Kunstgewerbe)
Museum Folkwang, Hagen

1913
Kunstverein, Hamburg

1916
Düren

1918
Kunstverein, Frankfurt – Vereinigung für
Neue Kunst

1919
Galerie A. Flechtheim, Düsseldorf
Nationalgalerie, Berlin
Kestner-Gesellschaft, Hannover

1920
Schleswig-Holsteinischer Kunstverein,
Kiel
Paul Cassirer, Berlin

1921
Dortmund

1923
Galerie Garvens, Hannover

1924
Museum Folkwang, Essen

1925
Nationalgalerie, Berlin
Schleswig-Holsteinischer Kunstverein,
Kiel
Städtisches Museum, Erfurt
Stadtmuseum, Danzig, Braunschweig

1928
Galerie F. Möller, Berlin

1929
Stadtmuseum, Danzig
Schloß, Königsberg
Museumsverein, Duisburg
Karl Ernst Osthaus-Bund, Hagen
Museum Folkwang, Essen
Kunstverein Stuttgart-Frankfurt-Ulm-
Schaffhausen

Galerie Nierendorf, Berlin
Galerie B. Thommen, Basel
Galerie Aktuaryus, Zürich

1930
Schleswig-Holsteinischer Kunstverein,
Kiel

1933
Galerie Vignon, Paris

1934
Christian Rohlfs-Museum, Hagen
Städtisches Museum, Wuppertal
Museum Folkwang, Essen
Schleswig-Holsteinischer Kunstverein,
Kiel

1936
Kestner-Gesellschaft, Hannover
Institute of Arts, Detroit, USA

1937
Galerie F. Möller, Berlin

1938
Kunsthalle, Bern
Kunstmuseum, Basel

Kunsthalle, Zürich

Galerie G. Franke, München

1939

Galerie F. Möller, Berlin

1944

Kunsthalle, Basel

1946

Karl Ernst Osthaus-Museum, Hagen

Bouvier & Co., Hiddesen/Detmold und Bonn

Städtisches Museum, Wuppertal-Elberfeld

Städtisches Kunstmuseum, Duisburg

Märkisches Museum, Witten

Landesmuseum für Kunst und Kulturgeschichte, Münster

1947

Galerie W. Schüler, Berlin

Musikverein, Detmold

Kunstverein, Oldenburg/O.

1948

Museum Folkwang, Essen

Galerie Hoffmann, Hamburg

Frankfurter Kunstkabinett H. Bekker vom Rath

Galerie Gauß, München

Kunstverein, Wilhelmshaven

Galerie W. Rusche, Köln

1949/50

Landesmuseum für Kunst und Kulturgeschichte, Münster

Schleswig-Holsteinischer Kunstverein, Kiel

Kunstgeschichtliches Seminar der Universität, Göttingen

Haus der Städtischen Kunstsammlungen, Bonn

Kunstverein Hamburg, Kunsthalle

Volkshochschule, Detmold

Kunstverein, Frankfurt

Karl Ernst Osthaus-Museum, Hagen

Kunstverein für die Rheinlande und Westfalen, Kunsthalle, Düsseldorf

Hessisches Landesmuseum, Kassel

1954

Galerie Hielscher, München

Galerie Vömel, Düsseldorf

1955

Galerie H. Klihm, München

Farbenfabriken Bayer AG, Leverkusen

Museum Folkwang, Essen

Galerie G. Franke, München

Staatliche Kunsthalle, Karlsruhe

St. Annen-Museum, Lübeck

1956

Museum am Deichtorwall, Herford

Württembergischer Kunstverein, Stuttgart

The Arts Council of Great Britain, London

Art Gallery, City of York

Withworth Art Gallery, Manchester

Leicester Museum and Art Gallery, Leicester

1957

Grace Borgenicht Gallery, New York

1958

Frankfurter Kunstkabinett H. Bekker vom Rath

Erwin Heinrich-Gesellschaft, Baden-Baden

Bodensee-Museum, Friedrichshafen

Museum Fähre, Saulgau

Overbeck-Gesellschaft, Lübeck

Haus Salve Hospes, Braunschweig

1959

Museum am Ostwall, Dortmund

Kunstgewerbeverein, Pforzheim

Kunstverein, Heidelberg

Galerie H. Klihm, München

Niedersächsische Landesgalerie, Hannover

1960

Kunstverein für die Rheinlande und Westfalen, Düsseldorf

Haus am Waldsee, Berlin

Kunsthalle am Steubenplatz, Darmstadt

1961

Westfälischer Kunstverein, Münster

Akademie der Bildenden Künste, Wien

1962

Haus der Städtischen Kunstsammlungen, Bonn

Hans Thoma-Gesellschaft, Reutlingen

1963

Galerie Nierendorf, Berlin

Kunsthalle am Theaterplatz, Weimar

Nationalgalerie der Staatl. Museen zu Berlin, DDR

Galerie G. Franke, München

Galerie Commeter, Hamburg

Stadthaus, Paderborn

Galerie H. Klihm, München

1964

Kunstverein, Ulm

Museum Folkwang, Essen

Graphische Sammlungen der Eidgenös-
sischen Technischen Hochschule,
Zürich

1965

British Legion Hall, Aldeburgh/Suffolk

1966

Museum of Art, San Francisco

Museum of Art Eugene, University of
Oregon, USA

Galerie Vömel, Düsseldorf

Frankfurter Kunstkabinett H. Bekker
vom Rath

1967

Museum Folkwang, Essen

Nordrhein-Westfälischer Städtebund,
Düsseldorf

Galerie G. Franke, München

Kunstverein, Tübingen

1968

Galerie E. Wirnitzer, Baden-Baden

Loan Exhibition, USA, Wanderaus-
stellung (zusammengestellt und organi-
siert vom Museum Folkwang, Essen)

1969

Galerie Nierendorf, Berlin

Galerie G. Franke, München

1970

Goethe-Institut, Paris

1971

Karl Ernst Osthaus-Museum, Hagen

Stadtbibliothek, Sindelfingen

1972

Haus am Waldsee, Berlin

Galerie Utermann, Dortmund

Städtische Kunstsammlungen, Bonn

1973

Goethe-Institut, Brüssel

Provinciaal Hof, Brügge

Kulturgeschichtliches Museum, Osna-
brück

1974

Galleria nazionale d'arte moderna, Rom

Landesmuseum für Kunst und Kulturgeschichte, Münster

1976

Kunstverein, Wolfsburg

1977

Kunstverein, Göttingen

Lippische Gesellschaft für Kunst, Detmold

1978

Museum Folkwang, Essen

1979

Schleswig-Holsteinischer Kunstverein,
Kunsthalle, Kiel

1984

Wilhelm Morgner-Haus, Kunstverein,
Kreis Soest

1987/88

Museum am Ostwall, Dortmund

1988

Christian Rohlfs 1849–1938. Aquarelle
und Gemälde von 1919 bis 1937 aus
Sammlungen der DDR, Nationalgalerie,
Berlin

Christian Rohlfs. Druckgraphik, Folkwang Museum, Essen

Karl Ernst Osthaus-Museum, Hagen

1988/89

Christian Rohlfs, Nijmeegs Museum
Commanderie van Sint-Jan, Nijmegen,
Niederlande

1989/90

Christian Rohlfs, Gemälde, Westfälisches Landesmuseum für Kunst und
Kulturgeschichte, Münster

Staatliche Kunstsammlungen, Weimar

1992/93

B.A.T. Kunst Foyer, Hamburg
(Schleswig-Holsteinisches Landesmuseum Schloß Gottorf, Schleswig)

Neues Rathaus, Bayreuth (B.A.T.
Casino-Galerie/Schleswig-Holsteini-
sches Landesmuseum Schloß Gottorf,
Schleswig)

Christian Rohlfs. Aquarelle, Temperablätter, Zeichnungen, Graphik, Kunstverein, Braunschweig

Christian Rohlfs. Aquarelle, Temperablätter, Zeichnungen, Graphik, Kunsthalle Rostock

Staatliche Galerie Moritzburg, Halle

Gruppenausstellungen

1877
Malklasse Prof. Struys, Kunstschule, Weimar

1878
Kunstschule, Weimar

1879
Akademie der Künste, Berlin

1880
Kunst- und Gewerbeausstellung, Düsseldorf

1881
Permanente, Weimar

1882
Permanente, Weimar

1887
Permanente, Weimar

1888
Internationale Kunstausstellung, München
Permanente, Weimar

1889
Akademie der Künste, Berlin
Internationale Kunstausstellung, München

1890
LXII. Akademie der Künste, Berlin
Wohltätigkeitslotterie, Kunstschule Weimar

1892
Permanente, Weimar

1893
Permanente, Weimar

1896
Permanente, Weimar

1897
Internationale Kunstausstellung, Dresden

1898
Kunstsalon Ribera, Berlin

1899
Kunstsalon Ribera, Berlin
Weimarer Kunstschule, Künstlerhaus Berlin
Künstlervereinigung Apelles, Schultesche Kunsthandlung, Berlin
Deutsche Kunstausstellung, Dresden
Permanente, Weimar

1900
2. Ausstellung der Berliner Sezession
Künstlervereinigung Apelles, Suermondt-Museum, Aachen
Künstlervereinigung Apelles, Permanente, Weimar

1901
Internationale Kunstausstellung, Dresden
Berliner Sezession, Berlin

1902
Künstlervereinigung Apelles, Permanente, Weimar
Berliner Sezession, Berlin

1903
Künstlervereinigung Apelles, Permanente, Weimar
Künstlervereinigung Apelles, München
Paul Cassirer, Berlin
Berliner Sezession, Berlin

1904
Kunstausstellung, Dresden
Künstlervereinigung Apelles, Weimar
Weimarer Künstler, Weimar
Kunstverein Jena, Volkshaus Jena

1905
Antwerpen
Neue Vereinigung von Professoren der Weimarer Kunstschule, Kunstverein Jena

1906
3. Ausstellung Deutscher Künstlerbund, Weimar
Schultes Kunstsalon, Berlin

1907
Deutsch-Nationale Kunstausstellung, Düsseldorf

1908
Paul Cassirer, Berlin

1909
Rheinischer Sonderbund, Düsseldorf
Ausstellung für christliche Kunst, Düsseldorf

1909/10
Zeichnende Künste, Sezession XIX, Berlin

1910

Deutscher Künstlerbund, Galerie Commeter, Hamburg

Galerie Miethke, Wien

Jubiläumsausstellung der Weimarer Kunstschule, 50jähriges Bestehen, Weimar

Rheinischer Sonderbund, Düsseldorf

1911

Neue Sezession, Galerie M. Macht, Berlin

Sezession, Internationale Kunstausstellung, Gebäude am Königsplatz, München

Kunst unserer Zeit in Cölner Privatbesitz, Cöln

Frühjahrsausstellung der Münchener Sezession, Gebäude am Königsplatz, München

1912

Moderne Kunst, Museum Folkwang, Hagen

Museum für Kunst in Handel und Gewerbe, Hagen (Newark)

1913

II. Gesamtausstellung, Galerie H. Goltz, München

1914

Moritzburg-Museum, Halle

Internationale Kunstausstellung, Kunsthalle Bremen

Die neue Malerei, Galerie E. Arnold, Dresden

Rheinische Expressionisten, Neue Galerie, Berlin

1917

Neue Kunst, Nassauischer Kunstverein, Wiesbaden

1918

Graphisches Kabinett I. B. Neumann, Berlin

Landesmuseum, Weimar

Große Kunstausstellung, Neues Museum, Wiesbaden

Frh. A. v. d. Heydt, Elberfeld, Leipzig

Gedächtnisausstellung für Großherzog Carl Alexander, Weimar

1919

Das junge Rheinland, Ruhmeshalle, Barmen

Neue Kunst, V. Gesamtausstellung, Galerie H. Goltz, München

1920

Christliches Motiv und künstlerisches Zeitgewand, Bonn

Das junge Rheinland, Kunstmuseum, Essen

1921

Potsdamer Kunstsommer, Orangerie Potsdam

Graphisches Kabinett I. B. Neumann, Berlin

1922

Bilder, Aquarelle, Zeichnungen (Rohlfs, Nauen, Feininger, Heckel, Nolde), Städtisches Museum Mönchengladbach

1. Internationale Kunstausstellung, Düsseldorf

Herbstausstellung des Schleswig-Holsteinischen Kunstvereins, Kunsthalle zu Kiel

1923

A Collection of Modern German Art, The Anderson Galleries (G. W. R. Valentiner), New York

1924

Internationale Kunstausstellung, Gesellschaft zur Förderung moderner Kunst, Sezession, Wien

1925

Große Kunstausstellung, Düsseldorf

1926

Ausstellung junger Kunst aus Rheinland und Westfalen, Essen

Drawing and Design, Nr. 3, London

Ausstellung von Gemälden jüngerer Künstler, Nationalgalerie, Berlin

1928

Stiftung Dr. Kaesbach, Städtisches Museum, Mönchengladbach

96. Große Kunstausstellung des Kunstvereins e. V., Der Deutsche Künstlerbund, Hannover

Deutsche Kunst, Düsseldorf

Neuere deutsche Kunst aus Berliner Privatbesitz, Nationalgalerie, Berlin

Zweite große westfälische Kunstausstellung, Stadthalle, Hagen

1929

Garten und Blume in der bildenden Kunst, Museum Folkwang, Essen

Kunstausstellung, Altona

Neue Kunst, Orangerie, Kassel

Deutscher Künstlerbund, Im Staatenhaus, Köln

Deutsche zeitgenössische Kunst, Warschau

Deutsche Landschaft, Moderne Galerie Wertheim, Berlin

Lebende deutsche Kunst aus rheinischem Privatbesitz, Galerie A. Flechtheim, Düsseldorf

1929/30

Kunst der letzten fünf Jahre, 60. Ausstellung, Kunstverein Duisburg

1930

Malerei und Plastik in Deutschland, Kunstverein Hamburg

Moderne westfälische Kunst, Villa Post, Hagen

8 Maler stellen aus (Gebr. Mann), Berlin

Karl Ernst Osthaus-Bund, Hagen

o. J.

Exhibition of modern German prints, Verein deutscher Buchkünstler (W. Gutbier: Business Manager), Galerie E. Arnold, Dresden

1931

Deutscher Künstlerbund, Essen

Kunst und Heimat, Sauerländische Ausstellung, Hagen

99. Große Kunstausstellung Kunstverein Hannover, Künstlerhaus, Hannover

Deutsche zeitgenössische bildende Kunst und Architektur, Beograd, Zagreb

Der deutsche Norden, Kunstverein Frankfurt

1932

Nyere tysk kunst, Kunsternes Hus, Oslo

Kunst der Gegenwart aus Düsseldorfer Privatbesitz, Kunstverein Düsseldorf

Jubiläumsausstellung, 25 Jahre Vereinigung nordwestdeutscher Künstler, Kunstverein Hannover, Oldenburg

Deutscher Künstlerbund, Stadthalle Königsberg, Stadtmuseum Danzig

1932/33

9 Maler, 2 Bildhauer (Gebr. Mann), Berlin

Vier Führer der neuen deutschen Kunst, Kunstverein Hamburg

1933

Die Westfront, Bochum

Ausstellung 30 deutscher Künstler, Galerie Möller, Berlin

1934

Neue deutsche Malerei, Kunsthaus Zürich

Christian Rohlfs und Domenjoz, Galerie Thommen, Zürich

1935

Berliner Sezession, Berlin

30 deutsche Künstler, Galerie F. Möller, Berlin

Freie Kunst im neuen Staat, Essen

Malerei und Plastik in Deutschland, Kunstverein Hamburg

1938

Maler im Tessin, Kunstmuseum, Luzern

German Art of the 20th Century, Burlington Galleries, London

1939

Auktions-Katalog: Gemälde und Plastiken moderner Meister aus Deutschen Museen, Galerie Fischer, Luzern

Künstler sehen eine Stadt, Stadt Soest

1945

Kunstausstellung Kunstring, Soest

Deutsche Kunst unserer Zeit, Städtisches Museum, Überlingen

1946

Neue deutsche Kunst, Ausstellungsgebäude, Dresden

Meisterwerke neuer deutscher Malerei, Kunstsammlungen der Universität, Göttingen

Befreite Kunst, Haus Salve Hospes, Braunschweig

Befreite Kunst, Schloß Celle

Christliche Kunst der Gegenwart, Gesellschaft für christliche Kultur, Köln

Freie deutsche Kunst, Neuruppin

Blume und Kind in der Kunst, Berlin

1946/47

Expressionismus in Malerei und Plastik, Kaiser-Wilhelm-Museum, Krefeld

1947

Krieg und Frieden vor 30 Jahren, Städtische Kunstsammlungen, Düsseldorf

Moderne deutsche Kunst, Tübingen

1947/48

Weimarer Kunst Gestern und Heute, Weimar

1948

Christliche Kunst der Gegenwart, Köln

Expressionismus in Bochum, Werke aus Bochumer Privatbesitz, R.-Baltz-Haus, Bochum

1949

Modern German prints and drawings, The Arts Council of Great Britain, London

1951

Kunst der Kirche, Schloß Charlottenburg, Berlin

Künder unseres Jahrhunderts, Ruhrfestspiele, Städtische Kunsthalle, Recklinghausen

Deutsche Malerei des 20. Jahrhunderts, Kunsthalle, Kiel

Blumen und Gärten in der Malerei, Kunstverein, Hannover

Bildnisse und Selbstbildnisse deutscher Maler und Bildhauer in neuerer Zeit, Kunstverein, Köln

35 deutsche Maler, Galerie Vömel, Düsseldorf

1952

Europäische Landschaftsmalerei im 19. und 20. Jahrhundert, Erlangen

Blätter der Galerie Möller, Köln

1953

Deutsche Graphik im 20. Jahrhundert, Reykjavik

Deutsche Kunst, Meisterwerke des 20. Jahrhunderts, Kunsthaus Luzern

Arbeit, Freizeit, Muße, Ruhrfestspiele, Städtische Kunsthalle, Recklinghausen

The expressionists, Art Gallery, City of York

Chr. Rohlfs, O. Ehrich, J. Dupré, Galerie Hielscher, München

1954

German graphic arts of the 20th century, Dublin

Humor und Satire in der deutschen Kunst unseres Jahrhunderts, Karl Ernst Osthaus-Museum, Hagen

Deutsche Graphik seit Leibl, Hans Thoma-Gesellschaft, Reutlingen, Tuttlingen

Kunst des 20. Jahrhunderts, Kunstverein, Bielefeld

1955

Documenta, Kassel

Das Bild des Menschen, Ruhrfestspiele, Städtische Kunsthalle, Recklinghausen

1956

German watercolors, drawings and prints 1905–55, Loan Exhibition … circulated by the American Federation of Arts

Deutsche Malerei, Wolfsburg

Landschaften aus vier Jahrhunderten, Moritzburg-Museum, Halle

Beginn und Reife, Ruhrfestspiele, Städtische Kunsthalle, Recklinghausen

German Art of the 20th Century, Museum of Modern Art, New York

1957

Westfälische Stadtbilder aus drei Jahrhunderten, Hamm

Modern Art, Mills College Oakland, Kalifornien

Expressionismus, Malerei in Österreich und Deutschland, Residenzgalerie, Salzburg

Deutsche Landschaftsmalerei 1800–1914, Nationalgalerie der Staatlichen Museen, Berlin

Verkannte Kunst, Städtische Kunsthalle, Recklinghausen

Von Menzel bis Picasso, Moritzburg-Museum, Halle

Das religiöse Bild in der neuen Kunst, Museum Fähre, Saulgau

Europa 1907, Stedelijk-Museum, Amsterdam

1958

Nieuwe religieuze kunst, Delft

50 Jahre moderne Kunst, Galerie Nierendorf, Berlin

50 Jahre moderne Kunst, Palais International des Beaux Arts, Brüssel

Expressionismo e arte tedesca del 20 secolo, Museo Civico, Turin

1960

Engel aus zwei Jahrtausenden, Städtische Kunsthalle, Recklinghausen

Dem wiedereröffneten Museum Folkwang zum Gruß, Museum Folkwang, Essen

1961

Polarität, Städtische Kunsthalle, Recklinghausen

1962

Die Maler der Brücke in Schleswig-Holstein, Overbeck-Gesellschaft, Lübeck, Schleswig-Holsteinisches Landesmuseum, Schleswig

Expressionismus, Deutsche Malerei von 1900–1915, Bergen, Stavanger, Trondhjem, Oslo, Münster

Europäische Kunst 1912 (50. Jahrestag der Ausstellung des »Sonderbundes« westdeutscher Kunstfreunde und Künstler in Köln), Wallraf-Richartz-Museum, Köln

1963

Westfalens Beitrag zum 20. Jahrhundert, Städtische Kunsthalle, Recklinghausen

1964

Expressionisme: van Gogh tot Picasso, Stedelijk-Museum, Amsterdam

L'Espressionismo, pittura, scultura, architettura, Palazzo Strozzi, Florenz

1965

Expressionisten: Aquarelle, Bilder, Graphik, Galerie Nierendorf, Berlin

1967

Kunst des 20. Jahrhunderts aus rheinisch-westfälischem Privatbesitz, Malerei, Plastik, Handzeichnung, Kunstverein, Düsseldorf

1968

Fauves and Expressionists, L. Hutton Galleries, New York

Expressionistas en Alemania, Galerie Cankright

1969

Jubiläumskatalog Galerie Ä. Abels, 1919–1969, Köln

Expressionisten, Galerie Th. Hill, Köln

1970

Grafica dell'espressionismo tedesco, Palazzo Barberini, Rom

Europäischer Expressionismus, Haus der Kunst, München, Musée National d'Art Moderne, Paris

1971

Kunst des 20. Jahrhunderts, Freie Berufe sammeln, Kunsthalle, Düsseldorf

Der deutsche Expressionismus, Nationalmuseum für westliche Kunst, Tokio

1972

Meisterwerke des Expressionismus, Kunstmuseum Bukarest

1973

Die Künstlergruppe die Brücke, Städtische Galerie im Lenbachhaus, München

1975

Rohlfs, Böckstiegel, Morgner, Karl Ernst-Osthaus-Museum, Hagen

1977

Die Kunst der 30er Jahre, Haus der Kunst, München, Museum Folkwang, Essen, Kunsthaus, Zürich

1978

Werke aus Hagener Privatbesitz, Stadtsparkasse, Hagen

Deutsche Malerei 1890–1918, Städelsches Kunstinstitut, Frankfurt/M.

1980/81

Deutscher Expressionismus 1905–1920, Solomon R. Guggenheim Museum, New York

Museum of Modern Art, San Francisco

1981

Expressionisten, Slg. Buchheim, Stadtmuseum, Köln

1985

German Art in the 20th Century 1905–1985, Royal Academy of Arts, London

1986

Deutsche Kunst im 20. Jahrhundert, Malerei und Skulptur 1905–1985, Staatsgalerie, Stuttgart

Expressionist Woodcuts 1905–1925, Eigendrucke, Theodore B. Donson Ltd., New York

1987/88

Die Kunststadt München 1937. Nationalsozialismus und »Entartete Kunst«, Staatsgalerie Moderner Kunst, München

Malerei des deutschen Expressionismus, Wien

1988/89

German Expressionism. The Second Generation, Los Angeles Museum of Art

Forth Worth Art Museum, Texas

Stationen der Moderne. Die bedeutendsten Kunstausstellungen des 20. Jahrhunderts in Deutschland, Berlinische Galerie, Berlin

Der Expressionismus. Die zweite Generation, Kunstmuseum, Düsseldorf. Staatliche Galerie Moritzburg, Halle

1991/92

»Degenerate Art« The Fate of the Avant-Garde in Nazi Germany, Los Angeles County Museum of Art

The Art Institute of Chicago, Chicago

International Gallery, Smithonian Institute, Washington D. C., USA

»Entartete Kunst«. Das Schicksal der Avantgarde im Nazi-Deutschland, Altes Museum, Berlin

Ausgewählte Literatur

K. E. Osthaus, Christian Rohlfs. In: Die Rheinlande, Jg. 5, 1905, S. 102 f.

H. Pels-Leusden, Christian Rohlfs. In: Kunst für Alle, Jg. 26, 1910/11, S. 91. f.

K. Freyer, Schleswig-Holsteinische Graphiker. In: Kunstkalender Schleswig-Holstein 1911, S. 1

W. Schäfer, Bildhauer und Maler in den Ländern am Rhein, Düsseldorf o. J. (1913)

W. Schulte v. Bühl, Sechs Jahrzehnte, Lebenserinnerungen, Stuttgart 1918

P. Westheim, Christian Rohlfs. In: Das Kunstblatt, Jg. 2, 1918, S. 265 f.

P. Westheim, Christian Rohlfs zum 70. Geburtstag. In: Das Kunstblatt, Jg. 3, 1919, S. 353 f.

W. Waetzold, Deutsche Malerei seit 1870, Leipzig 1919

P. E. Küppers, Christian Rohlfs. In: Das hohe Ufer, Jg. 1, Heft 5, 1919, S. 127 f.

W. Schürmeyer, Christian Rohlfs. In: Die Rheinlande, Jg. 19, 1919, S. 216 f.

K. E. Osthaus, Christian Rohlfs. In: Frankfurter Zeitung (22. 12. 1919)

E. Redslob, Die Weimarer Zeit von Christian Rohlfs. In: Zeitschrift für bildende Kunst, N. F. 31, 1919/20, S. 77 f.

A. Flechtheim, Christian Rohlfs. In: Feuer, Jg. 1, Heft 4, 1920, S. 297 f.

W. Hausenstein, Die bildende Kunst der Gegenwart, Stuttgart, Berlin 1920

W. v. d. Briele, Christian Rohlfs. Der Künstler und sein Werk, Dortmund 1921

C. With, Christian Rohlfs, V. Buch der Galerie Goyert, Köln o. J. (1921)

G. Reuter, Vom Kinde zum Menschen. Die Geschichte meiner Jugend, Berlin 1921

P. Westheim, Das Holzschnittbuch, Potsdam 1921

C. Glaser, Graphik der Neuzeit, Berlin 1922

H. v. Wedderkop, Deutsche Graphik des Westens, Weimar 1922

H. Hildebrandt, Die Kunst des 19. und 20. Jahrhunderts, Potsdam 1922

E. Lorenzen, Hagen, Ein Haus- und Heimatbuch, Hagen 1922

W. v. d. Briele, Christian Rohlfs. In: Hellweg, Jg. 2, Heft 10, 1922, S. 181 f.

W. Frieg, Christian Rohlfs. Der Mystiker der Farbe. In: Hellweg, Jg. 2, Heft 10, 1922, S. 187 f.

A. Salmony, Christian Rohlfs. In: Das Kunstblatt, Jg. 6, 1922, S. 241 f.

P. Cremers, Soest und seine Maler. In: Hellweg, Jg. 3, Heft 26, 1923, S. 304 f.

C. E. Uphoff, Christian Rohlfs, Reihe Junge Kunst, Bd. 34, Leipzig 1923

A. Hoff, Christian Rohlfs. Religiöse Malerei. In: Hochland, Jg. 21, Heft 5, 1923/24, S. 552 f.

A. Heuer, Dem Kunstmaler C. R. zum 75. Geburtstag. In: Die Morgenröte, Monatsschrift für kulturelle Erneuerung. Heft 5/6, 1924, S. 172 f.

W. Cohen, Der alte Rohlfs. In: Das Kunstblatt, Jg. 8, 1924, S. 365 f.

W. Müller-Wulkow, Der 75jährige Rohlfs. In: Hannoverscher Anzeiger, Illustrierte Zeitung (8. 3. 1925)

A. Hoff, Christian Rohlfs. In: Die Tide, Niederdeutsche Heimatblätter, Jg. 5, Heft 12, 1928, S. 596 f.

Monographien deutscher Städte, Bd. XXVI, Hagen 1928, S. 124 f.

P. Landau, Das Blumenbildnis bei alten und neuen Meistern, Berlin 1929

R. Bie, Deutsche Malerei der Gegenwart, Weimar 1930

A. Flechtheim, Christian Rohlfs. In: Das Tagebuch, Jg. 11, Heft 2, 1930, S. 68

L. Bennighoff, Der 80jährige Rohlfs. In: Der Kreis, Zeitschrift für künstlerische Kultur in Hamburg, Jg. 7, Heft 3, 1930, S. 134 f.

L. Justi, Von Corinth bis Klee, Berlin 1931

R. Hamann, Geschichte der Kunst, Berlin 1933

H. Ossenberg, Christian Rohlfs. In: Niederdeutsche Welt, 9, 1933, S. 243 f.

H. Jedlicka, Christian Rohlfs. In: Galerie und Sammler (Galerie Aktuaryus, Zürich), 1934, S. 319

C. With, Schleswig-Holstein meerumschlungen, Berlin 1934

E. Nolde, Jahre der Kämpfe, Berlin 1934

H. Pels-Leusden, Der Maler Christian Rohlfs. Zum 85. Geburtstag. In: Die Kunst, Monatshefte für freie und angewandte Kunst, München, Jg. 36, 1934/35, S. 72, S. 107 f.

E. Redslob, Ein Jahrhundert verklingt, Breslau 1935

L. Martius, Christian Rohlfs. In: Nordelbingen Bd. 11, 1935, S. 227 f.

E. Lorenzen, Wir besuchen Künstler der Heimat. In: Der Schleswig-Holsteiner, Jg. 17, Heft 11, 1936, S. 261

W. Willrich, Säuberung des Kunsttempels, München, Berlin 1937

A. Dresler, Deutsche Kunst und entartete Kunst, München 1938

H. Lützeler, Die Kunst der Völker, Freiburg 1940

C. v. Lorck, Expressionismus, Lübeck 1947

A. Heuer, Das war verfemte Kunst,

Christian Rohlfs. In: Aussaat, Zeitschrift für Kunst und Wissenschaft, Jg. 2, Heft 3/4, 1947, S. 105 f.

G. H. Theunissen, Christian Rohlfs. In: Bildende Kunst, Jg. 1, Heft 6, 1947, S. 16 f.

H. W. Lavies, Schmidt-Rottluff. In: Der Bogen, Jg. 2, Heft 2/3, 1947, S. 8 f.

E. Lorenzen, Christian Rohlfs. In: Der Dreiklang, Kulturumschau des Flensburger Tageblattes, Jg. 2, Heft 6, 1947, S. 41 f.

H. Hesse, K. E. Osthaus. In: Hagen einst und jetzt, Bd. II, Heft 1, 1947

R. Schröder, Deutsche Holzschneider, Duisburg 1948

P. Meyer, Europäische Kunstgeschichte Bd. II, Zürich 1948

P. O. Rave, Kunstdiktatur im Dritten Reich, Berlin, Hamburg 1949

G. Bender, Christian Rohlfs als Maler biblischer Themen. In: Das Kunstblatt, Jg. 3, 1949, S. 5 f.

F. Lammeyer, Maltechnik für Kunstfreunde, Fulda 1949

G. Bender, Christian Rohlfs als Maler biblischer Themen. In: Der Lichtblick, Heft 3, 1949, S. 77 f.

W. Scheidig, Die Weimarer Malerschule, Erfurt 1950

P. Vogt, Christian Rohlfs. Œuvrekatalog der Druckgraphik, Göttingen 1950

A. Hoff, Christian Rohlfs. In: Westermanns Monatshefte, Jg. 91, 1950/51, S. 50, S. 60 f.

H. Rasch, Wenn Maler dichten, Wuppertal 1951

P. F. Schmidt, Geschichte der modernen Malerei, Stuttgart 1952

G. Bender, Christian Rohlfs. Ein Mittler zwischen zwei Jahrhunderten. In: Westfalen, Heft 1, Bd. 30, 1952, S. 1 f.

G. Bender, Christian Rohlfs' Anfänge und die Weimarer Malerschule mit Œuvrektalog der Werke bis 1900, Diss. phil. Marburg 1952

E. Lorenzen, K. E. Osthaus und sein Künstlerkreis, Jahresgabe Kunstring Folkwang, Essen 1953, S. 6 f.

L. Grote, Deutsche Kunst im 20. Jahrhundert, München 1953

W. Grohmann, Zwischen den Kriegen – Bildende Kunst und Architektur, Bd. 3, Berlin 1953

M. Valsecchi, Parabola del'espressionismo. In: L'illustrazione italiana, 6, 1954, S. 66

Ch. Denecke, Die Farbe im Expressionismus, Düsseldorf 1954

G. C. Argan, Studi e note, Rom 1955, S. 245, S. 247

E. Göpel, Deutsche Holzschnitte des 20. Jahrhunderts, Wiesbaden 1955

G. Händler, Deutsche Maler der Gegenwart, Berlin 1956

L. G. Buchheim, Die Künstlergemeinschaft Brücke, Feldafing 1956

L. Martius, Die Schleswig-Holsteinische Malerei im 19. Jahrhundert, Neumünster 1956

L. Martius, Schleswig-Holsteinische Maler in europäischen Museen, Heide/Holst. 1956

W. Grohmann, Expressionisten, Welt in Farbe, Stuttgart 1956

K. K. Gerold, Deutsche Malerei unserer Zeit, München, Basel 1956

M. Valsecchi, Maestri moderni, Mailand 1956

P. Vogt, Christian Rohlfs, Blätter aus Ascona, München, Zürich o. J. (1956) (1974)

P. Vogt, Christian Rohlfs. Monographien zur rhein.-westf. Kunst der Gegenwart, Bd. 2, Köln 1956, 2. Aufl., Recklinghausen 1958

H. Rohlfs, Die Technik von Christian Rohlfs. In: Maltechnik, 4, 1956, S. 111 f.

E. Pfeiffer-Belli, Christian Rohlfs.

In: Die Kunst und das schöne Heim, Jg. 54, 1956, S. 121 f.

A. H., Una mostra di Christian Rohlfs. In: Emporium, vol. CXXIII, 1956, S. 226

U. Pückler, Geheimnis der Farbe, Christian Rohlfs. In: Diplomatischer Kurier, Jg. 6, Heft 1, 1957, S. 17 f.

A. Henze, Westfälische Kunstgeschichte, Recklinghausen 1957

B. S. Myers, Die Malerei des Expressionismus, Köln 1957

P. Selz, German Expressionist Painting, Berkeley, Los Angeles 1957

Ch. L. Kuhn, German Expressionism and Abstract Art, Cambridge/USA 1957

P. Vogt, Zur Entwicklung und Deutung des graphischen Werkes von Christian Rohlfs. In: Westfalen, Heft 3, Bd. 35, 1957

P. Vogt, Christian Rohlfs, Aquarelle und Zeichnungen, Recklinghausen, 1958

H. Read, Geschichte der modernen Malerei, München, Zürich, 1959

H. Hesse-Frielinghaus, Christian Rohlfs, Soester Zeichnungen. In: Westfalen, Heft 1/3, Bd. 37, 1959, S. 295 f.

P. Vogt, Zu den Aquarellen von Christian Rohlfs. In: Der Staedter Brief, Heft 5, 1960, S. 112 f.

P. Vogt, Christian Rohlfs. Das graphische Werk, Recklinghausen 1960

E. Werres, Das Meisterwerk. In: Der Mitarbeiter, Nr. 41, 1962, S. 2

F. Roh, Deutsche Malerei von 1900 bis heute, München 1962

W. Haftmann, Malerei im 20. Jahrhundert, 2 Bde., München 1962

F. Roh, Entartete Kunst, Hannover 1962

D. Vallier, Geschichte der Malerei im 20. Jh. 1870–1940, Köln 1963

P. Vogt, The Best of Christian Rohlfs, Recklinghausen 1964

W. Scheidig, Christian Rohlfs, Dresden 1965

H. Wille, Frühwerke von Christian Rohlfs in Göttinger Privatbesitz. In: Niederdeutsche Beiträge zur Kunstgeschichte, Bd. V, 1966, S. 207 f.

E. Grimme, Neuzugänge zu den Sammlungen des Suermondt-Museums. In: Aachener Kunstblätter, 32, 1966, S. 7 f.

P. Vogt, Christian Rohlfs. Das Spätwerk, Essen 1967

P. Vogt, Christian Rohlfs. Köln, o. J. (1967)

E. Jansen, Ein Werk des frühen Rohlfs. In: Bildende Kunst, 1968, S. 247

W. Hütt, Deutsche Malerei und Graphik im 20. Jh., Berlin 1969

E. Rathke, L'Espressionismo, Mailand 1970

G. C. Argan, L'Arte Moderna, Florenz 1970

E. Roters, Europäische Expressionisten, Gütersloh 1971

W. Scheidig, Die Geschichte der Weimarer Malerschule 1860–1900, Weimar 1971

H. Hesse-Frielinghaus u. a., Karl Ernst Osthaus. Leben und Werk, Recklinghausen 1971

P. Vogt, Geschichte der deutschen Malerei im 20. Jh., Köln 1972

H. Ohff, Entwicklungen. In: Das Kunstwerk, Jg. 25, 1972, S. 44

D. E. Gordon, Modern Art Exhibitions 1900–1916, München 1974

H. K. Röthel, Moderne deutsche Malerei, Wiesbaden o. J.

Katalog Christian Rohlfs – Aquarelle und Zeichnungen, Westfälisches Landesmuseum für Kunst und Kulturgeschichte, Münster 1974/75

P. Vogt (Hrsg.), Christian Rohlfs – Œuvre-Katalog der Gemälde, Werkverzeichnis von U. Köcke, Recklinghausen 1978

Katalog Christian Rohlfs, 1849–1938. Gemälde zwischen 1877–1935, Museum Folkwang, Essen 1978

Katalog Werke aus Hagener Privatbesitz, Stadtsparkasse, Hagen 1978

P. Vogt, Expressionismus, Deutsche Malerei zwischen 1905 und 1920, Köln 1978

Katalog Christian Rohlfs, Gemälde-Aquarelle, Kunsthalle Kiel, Schleswig-Holsteinischer Kunstverein 1979

H. Kuchling, Expressionismus, Ramerding 1980

P. Vogt (Hrsg.), Deutscher Expressionismus, 1905–1920. Erweiterte deutsche Ausgabe des Kataloges der Ausstellung in New York und San Francisco 1980/81, München 1981

W.-D. Dube, Der Expressionismus in Wort und Bild, Stuttgart 1983

H. Froning, Christian Rohlfs, Ramerding 1983

Christian Rohlfs – und die Stadt Soest in seinem Werk, hrsg. von der Stadt Soest und dem Kunstverein Kreis Soest in Zusammenarbeit mit W. Utermann, Verlag Galerie Utermann, Dortmund 1984

Katalog Deutsche Kunst im 20. Jahrhundert. Malerei und Skulptur 1905–1985, Royal Academy of Arts, London 1985, Staatsgalerie Stuttgart 1986

Katalog Expressionist Woodcuts 1905–1925. Eigendrucke, Theodore B. Donson Ltd., New York 1986

Katalog Christian Rohlfs. Das druckgraphische Gesamtwerk, Museum am Ostwall, Dortmund 1987/88, Museum Folkwang, Essen 1988

Katalog Christian Rohlfs. Aquarelle und Gemälde von 1919 bis 1937 aus Sammlungen der DDR, Nationalgalerie, Berlin 1988

Katalog German Expressionism. The Second Generation 1915–1925, Los Angeles County Museum of Art, Los Angeles 1988/1989

Katalog Stationen der Moderne. Die bedeutendsten Kunstausstellungen des 20. Jahrhunderts in Deutschland, Berlinische Galerie, Berlin 1988

Katalog Der Expressionismus. Die zweite Generation, Kunstmuseum Düsseldorf, 1989

Katalog Christian Rohlfs. Gemälde. Westfälisches Landesmuseum für Kunst und Kulturgeschichte, Münster 1989/1990. Kunstsammlungen zu Weimar 1990

Thomas Gädeke, Christian Rohlfs. Bestandskatalog seiner Werke im Schleswig-Holsteinischen Landesmuseum Schloß Gottorf, Schleswig 1990

Reinhold Happel, Christian Rohlfs. In: Der Expressionismus in Westfalen, Hrsg. Reinhold Happel im Auftrag des Landschaftsverbandes Westfalen-Lippe

Katalog »Degenerate Art« – The Fate of the Avant-Garde in Nazi Germany. Los Angeles County Museum of Art / The Art Museum of Chicago / International Art Gallery Washington D. C. 1991. Deutsche Ausgabe: »Entartete Kunst«. Das Schicksal der Avantgarde im Nazi-Deutschland, Altes Museum Berlin 1992

Katalog Christian Rohlfs. Aquarelle, Temperablätter, Zeichnungen aus den Sammlungen: Museum Folkwang, Essen, Karl Ernst Osthaus-Museum, Hagen, Westfälisches Landesmuseum für Kunst und Kulturgeschichte, Münster u. a., Hrsg. Reinhold Happel, Kunstverein Braunschweig 1992, Kunsthalle Rostock 1993, Staatliche Galerie Moritzburg Halle 1993

Sammlung und Stiftung Rolf Horn, bearb. von Heinz Spielmann, Schleswig-Holsteinisches Landesmuseum, Schloß Gottorf, Schleswig 1995

Abbildungsnachweis

Suermondt-Ludwig-Museum Aachen, Foto: Annie Gold, Aachen – Kat. 77

Lindenau-Museum Altenburg – Kat. 21

Staatliche Museen zu Berlin – Preußischer Kulturbesitz, Nationalgalerie, Foto: Lilienthal, Bonn – Kat. 22

Staatliche Museen zu Berlin – Preußischer Kulturbesitz, Nationalgalerie, Foto: Bernd Kuhnert, Berlin – Kat. 63

Museum Bochum, Foto: Photostudio 13 – Kat. 56

Kunstmuseum Bonn, Foto: Reni Hansen – Kat. 55

Anhaltische Gemäldegalerie Dessau, Foto: Sebastian Kaps – Kat. 5

Museum am Ostwall Dortmund – Kat. 37, 41

Museum am Ostwall Dortmund, Foto: Eva Hirmstein – Kat. 34

Staatl. Kunstsammlungen Dresden, Foto: Gerhard Reinhold, Leipzig – Kat. 10

Kunstmuseum Düsseldorf – Kat. 12, 25, 53

Wilhelm-Lehmbruck-Museum Duisburg, Foto: Britta Lauer – Kat. 57

Angermuseum Erfurt, Foto: Constantin Beyer, Weimar – Kat. 6, 16, 110, 111

Museum Folkwang Essen – Kat. 36, 39, 47, 49–51, 60, 64, 65, 67, 70, 74–76, 83–93, 95–108, 112–127, 129–147

Sparkasse Essen – Kat. 42, 68, 79, 128

Städt. Museum Gelsenkirchen – Kat. 54

Karl Ernst Osthaus-Museum Hagen, Foto: Archim Kukulies, Düsseldorf – Kat. 3, 17

Karl Ernst Osthaus-Museum Hagen, Foto: Friedrich Rosenstiel, Köln – Kat. 13, 23, 30

Sprengel Museum Hannover, Foto: Michael Herling – Kat. 66, 81

Nordfriesisches Museum, Husum – Kat. 18, 43

Kunsthalle zu Kiel – Kat. 14, 28, 35, 44, 45

Wilhelm-Hack-Museum, Ludwigshafen – Kat. 59

Bildarchiv Foto Marburg – Kat. 29

Städtisches Museum Abteiberg, Mönchengladbach, Foto: Ruth Kaiser, Viersen – Kat. 46

Bayerische Staatsgemäldesammlungen München, Foto: Bayer & Mitko – Artothek – Kat. 15

Westfälisches Landesmuseum für Kunst und Kulturgeschichte Münster, Foto: Jörg Jordan – Kat. 94

Westfälisches Landesmuseum für Kunst und Kulturgeschichte Münster – Kat. 1, 26, 58

Clemens-Sels-Museum Neuss, Foto: Walter Klein, Düsseldorf – Kat. 40

Landesmuseum Oldenburg, Foto: H. R. Wacker – Kat. 62

Galerie G. Paffrath, Düsseldorf – Kat. 32

Kunsthalle Recklinghausen – Kat. 69

Kunsthistorisches Museum Rostock, Foto: Angelika Heim – Kat. 33, 48, 80

Kultur- und Verkehrsamt Soest, Foto: Günter Röing – Kat. 52

Schleswig-Holsteinisches Landesmuseum, Schleswig – Kat. 61, 73

Kunstsammlungen zu Weimar, Foto: Dreßler – Kat. 2, 4, 8, 27

Kunstsammlungen zu Weimar, Foto Atelier Louis Held, Foto: Renno – Kat. 7, 9, 11

Museum Wiesbaden – Kat. 20

Märkisches Museum Witten – Kat. 31

Von der Heydt-Museum Wuppertal, Foto: Zeis-Loi – Kat. 24, 71, 72, 78

Wenn hier nicht vermerkt, stammen die Fotos von den jeweiligen Leihgebern oder sind Familienarchiven entnommen.

Die Kunsthalle der Hypo-Kulturstiftung gibt zu jeder Ausstellung sorgfältig bearbeitete Kataloge heraus. Ihr Wert liegt sowohl in den wissenschaftlichen Beiträgen als auch in den zahlreichen Abbildungen.

Deutsche Romantiker Bildthemen der Zeit von 1800–1850
14. Juni bis 1. September 1985
(vergriffen)

Jean Tinguely
27. September 1985 bis 6. Januar 1986 (vergriffen)

Lovis Corinth. 1858–1925
24. Januar bis 30. März 1986
224 Seiten, 157 Abbildungen, 90 in Farbe
DM 36,– (erhältlich)

Ägyptische und moderne Skulptur Aufbruch und Dauer
18. April bis 22. Juni 1986
(vergriffen)

Fernando Botero Bilder – Zeichnungen – Skulpturen
4. Juli bis 7. September 1986
(vergriffen)

Albertina Wien – Zeichnungen 1450–1950
18. September bis 19. November 1986 (vergriffen)

Fabergé – Hofjuwelier der Zaren
5. Dezember 1986 bis 22. Februar 1987 (vergriffen)

Niki de Saint Phalle Bilder – Figuren – Phantastische Gärten
26. März bis 5. Juli 1987
(vergriffen)

Venedig – Malerei des 18. Jahrhunderts
24. Juli bis 1. November 1987
(vergriffen)

René Magritte
13. November 1987 bis 14. Februar 1988 (vergriffen)

Georges Braque
4. März bis 15. Mai 1988
(vergriffen)

München Focus '88
10. Juni bis 2. Oktober 1988
196 Seiten, 86 Abbildungen, 53 in Farbe
DM 34,– (erhältlich)

Fernand Léger
25. Oktober 1988 bis 8. Januar 1989
180 Seiten, 95 Abbildungen, 86 in Farbe
DM 37,– (erhältlich)

Paul Delvaux
20. Januar bis 19. März 1989
(vergriffen)

James Ensor Belgien um 1900
31. März bis 21. Mai 1989
272 Seiten, 115 Abbildungen, 105 in Farbe
DM 42,– (erhältlich)

Kleopatra – Ägypten um die Zeitwende
16. Juni bis 10. September 1989
(vergriffen)

Egon Schiele und seine Zeit
28. September 1989 bis 7. Januar 1990
295 Seiten, 196 Abbildungen, 137 in Farbe
DM 45,– (erhältlich)

Anders Zorn
24. Januar bis 25. März 1990
(vergriffen)

Joan Miró – Skulpturen
7. April bis 24. Juni 1990
(vergriffen)

Königliches Dresden Höfische Kunst im 18. Jahrhundert
17. November 1990 bis 3. März 1991 (vergriffen)

Marc Chagall
23. März bis 30. Juni 1991
298 Seiten, 122 Abbildungen, 114 in Farbe
DM 39,– (erhältlich)

Denk-Bilder
13. Juli bis 8. September 1991
156 Seiten, 47 Abbildungen,
26 in Farbe
DM 29,– (erhältlich)

Matta
20. September bis 11. November
1991
264 Seiten, 107 Abbildungen,
85 in Farbe
DM 42,– (erhältlich)

Traumwelt der Puppen
6. Dezember 1991 bis 1. März
1992
360 Seiten, 475 Abbildungen,
355 in Farbe
DM 48,– (erhältlich)

Georg Baselitz
20. März bis 17. Mai 1992
264 Seiten, 132 Abbildungen,
119 in Farbe
DM 39,– (erhältlich)

Karikatur & Satire
5. Juni bis 9. August 1992
(vergriffen)

**Expressionisten
Aquarelle, Zeichnungen,
Graphiken der »Brücke«**
21. August bis 1. November 1992
(vergriffen)

**Friedrich der Große
Sammler und Mäzen**
28. November 1992 bis
28. Februar 1993 (vergriffen)

**Picasso – Die Zeit nach
Guernica**
13. März bis 6. Juni 1993
(vergriffen)

**Günther Uecker
Eine Retrospektive**
19. Juni bis 15. August 1993
213 Seiten, 150 Abbildungen,
121 in Farbe
DM 42,– (erhältlich)

**Dada – Eine internationale
Bewegung**
4. September bis 7. November
1993
270 Seiten, 351 Abbildungen,
75 in Farbe
DM 42,– (erhältlich)

**Winterland – Von Munch bis
Gulbransson**
19. November 1993 bis 16. Januar
1994 (vergriffen)

Pierre Bonnard
28. Januar bis 24. April 1994
375 Seiten, 170 Abbildungen,
149 in Farbe
DM 42,– (erhältlich)

**El Dorado – Das Gold der
Fürstengräber**
20. Mai bis 4. September 1994
244 Seiten, 252 Abbildungen,
225 in Farbe
DM 39,– (erhältlich)

Munch und Deutschland
23. September bis
27. November 1994
(vergriffen)

Paris Belle Epoque
16. Dezember 1994 bis
26. Februar 1995
(vergriffen)

Wilhelm Trübner
10. März bis 21. Mai 1995
324 Seiten, 150 Abbildungen,
117 in Farbe
DM 39,–
(erhältlich)

**Das Ende der Avantgarde
Kunst als Dienstleistung**
13. Juni bis 13. August 1995
176 Seiten, 92 Abbildungen,
10 in Farbe
DM 39,– (erhältlich)

Félix Vallotton
25. August bis 5. November 1995
255 Seiten, 220 Abbildungen,
116 in Farbe
DM 39,– (erhältlich)

**Das alte China
Menschen und Götter
im Reich der Mitte
5000 v. Chr. – 220 n. Chr.**
2. Dezember 1995 bis
3. März 1996
500 Seiten, 420 Abbildungen,
152 in Farbe
(vergriffen)